셰프 안토니오의
진 짜
나폴리
화덕 피자

셰프 안토니오의
진짜 나폴리 화덕 피자
— 클래식 & 컨템포러리 & 로마식 —

초판 1쇄 인쇄　　2025년 9월 22일
초판 1쇄 발행　　2025년 9월 30일

지은이 안토니오 심(심재호) | **펴낸이** 박윤선 | **발행처** (주)더테이블

기획 책임편집 박윤선 | **디자인** 김보라 | **사진** 박성영
영업·마케팅 김남권, 조용훈, 문성빈 | **경영지원** 김효선, 이정민

주소 경기도 부천시 조마루로385번길 122 삼보테크노타워 2002호
홈페이지 www.icoxpublish.com | **쇼핑몰** www.baek2.kr (백두도서쇼핑몰) | **인스타그램** @thetable_book
이메일 thetable_book@naver.com | **전화** 032) 674-5685 | **팩스** 032) 676-5685
등록 2022년 8월 4일 제 386-2022-000050 호 | **ISBN** 979-11-92855-22-6 (13590)

- (주)더테이블은 '새로움' 속에 '가치'를 담는 요리 전문 출판 브랜드입니다.
- 이 책은 저작권법에 따라 보호받는 저작물이므로 무단 전재 및 복제를 금하며,
  이 책 내용의 전부 또는 일부를 이용하려면 반드시 저작권자와 (주)더테이블의 서면 동의를 받아야 합니다.
- 도서에 관한 문의는 이메일(thetable_book@naver.com)로 연락주시기 바랍니다.
- 잘못된 책은 구입하신 서점에서 바꾸어드립니다.
- 책값은 뒤표지에 있습니다.

> 이 책은 국립국어원의 한글 맞춤법과 외래어 표기법을 기본으로 따랐습니다. 다만 일부 단어는 이탈리아어 발음에 가깝게 표기하였습니다.
> 특히 이 책의 주제인 **Pizza**의 경우, 본문에서 본토 발음을 반영하여 '**핏자**'로 표기하였습니다.

셰프 안토니오의

진짜 나폴리 화덕 피자

클래식 & 컨템포러리 & 로마식

안토니오 심 지음

Pizza
Napoletana
더테이블
THE:TABLE

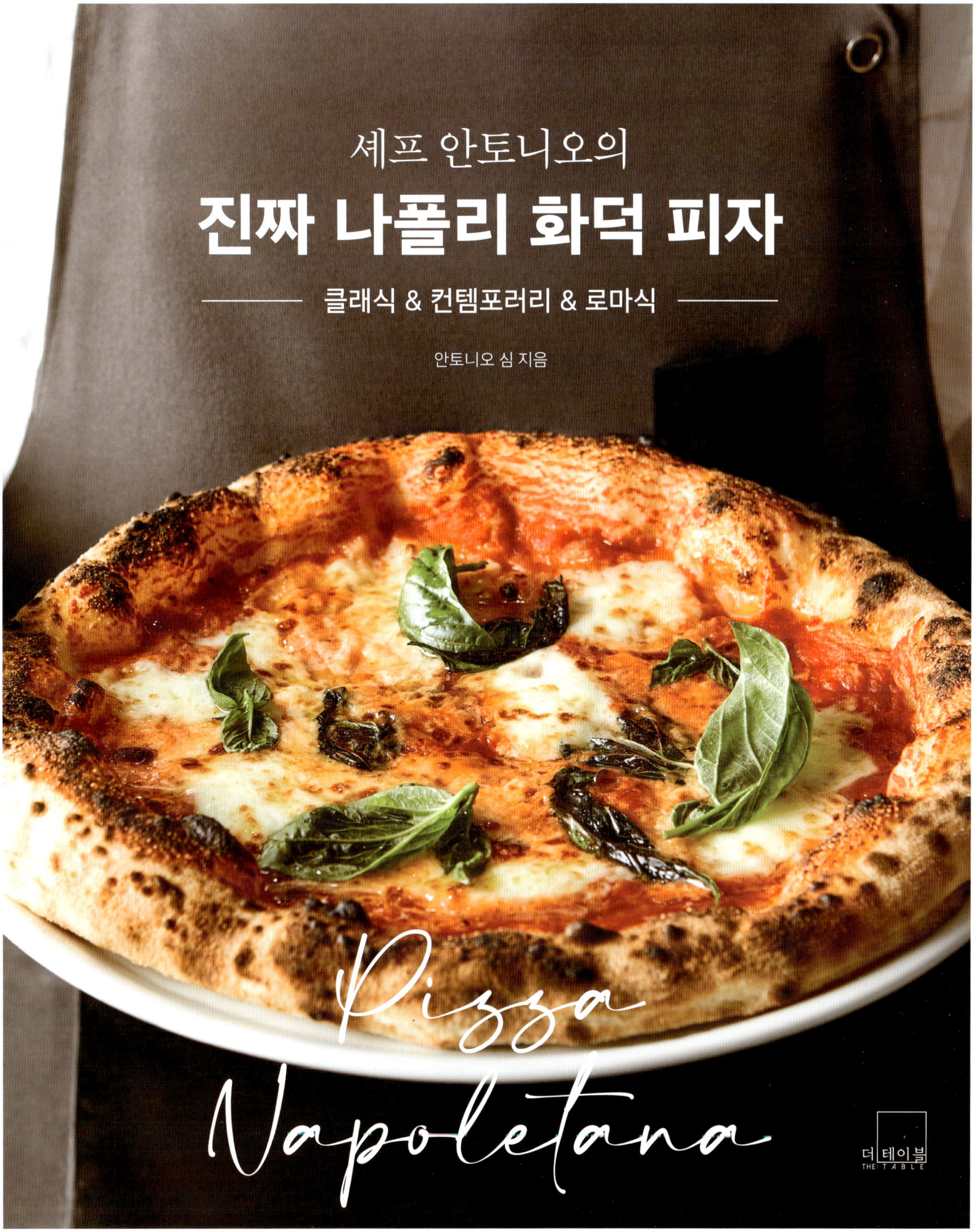

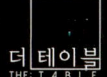

PROLOGUE

피자? 핏자?

이탈리아식 발음은 '핏자'에 가깝습니다. 필자는 '핏자'라고 부르는 것이 '피자'라는 말보다 더 친근하고 토속적이며 정감 있게 들린다고 생각합니다. 아마도 핏자의 고향이 미국이 아니라 이탈리아이기 때문일 것입니다. 물론 미국식 프랜차이즈 핏자는 지금도 전 세계적으로 큰 인기를 얻고 있습니다. 그러나 핏자가 탄생한 곳은 어디까지나 이탈리아입니다. 가난했던 이탈리아는 처음에는 핏자를 세계적으로 널리 알리지 못했지만, 외식 산업이 발달하면서 점차 이탈리아 전문 레스토랑이 성장했고, 화덕에서 구워낸 정통 이탈리아식 핏자가 사람들에게 알려지기 시작했습니다. 그리고 사람들은 원조의 맛에 감탄하게 되었습니다.

미국은 이탈리아 핏자를 전 세계에 알리는 데 큰 역할을 했습니다. 의도한 것은 아니었지만, 수많은 프랜차이즈 브랜드를 통해 핏자를 세계인의 음식으로 확산시킨 것은 사실입니다. 이탈리아는 1870년 통일을 이루었지만, 제2차 세계대전의 준비와 실패로 인해 경제적 어려움이 지속되었습니다. 이런 상황에서 그들은 자신들의 대표적인 음식문화인 파스타와 핏자를 적극적으로 홍보하기 어려웠습니다.

반대로 미국에서는 이탈리아 이민자들에 의해 파스타와 핏자가 뿌리내리기 시작했습니다. 미국에서 크게 성장한 파스타와 핏자는 다양한 브랜드를 통해 전 세계로 퍼져 나갔습니다. 그러나 지금에 와서는 미국의 홍보 덕분에 이탈리아가 '손 안 대고 코 푸는 격'으로 세계 곳곳에 화덕과 신선한 재료를 공급하며 진짜 이탈리아 핏자를 알릴 수 있었습니다. 결국 미국은 이탈리아 전통 핏자를 알리는 데 일등공신이 되었습니다.

오늘날 현대인들의 사랑을 받는 핏자는 이탈리아 요리에서 빼놓을 수 없는 음식입니다. 전 세계인의 음식으로 성장한 핏자는 누구나 좋아할 수밖에 없는 매력을 지닙니다. 도톰하면서도 속은 얇고 쫄깃한 빵 위에 신선한 토마토 소스가 지글지글 끓고, 그 위로 물소젖으로 만든 나폴리의 생모차렐라 치즈가 녹아내립니다. 때로는 향긋한 바질이 더해져 핏자의 매력을 한층 높여줍니다. 이렇게 단순하면서도 매력적인 음식을 어찌 거부할 수 있겠습니까.

이탈리아의 핏자는 둥근 화덕 안에서 참나무 장작불이나 가스불, 혹은 강한 전기 오븐의 열로 순식간에 구워냅니다. 이탈리아에서는 전통적인 방식으로 핏자를 만드는 전문가를 '핏자이올로(pizzaiolo)'라 부르며, 이는 일반 요리를 만드는 셰프와는 구별되는 개념입니다. 유명 레스토랑(리스토란테)에서는 핏자를 판매하지 않고, 핏자 전문점(핏제리아)에서만 맛볼 수 있습니다. 이곳에서는 핏자뿐 아니라 파스타, 맥주, 튀긴 빵(도넛류) 등을 함께 판매합니다.

'일 꾸오꼬 알마'에서 가장 인기 있는 수업은 나폴리 화덕 핏자 수업입니다. 이 수업을 진행하면서, 늘 제대로 된 교재가 있었으면 하는 바람에 수년 전부터 원고를 준비했습니다. 특히 이 책은 나폴리의 현대적인 핏자 중 하나인 컨템포러리 핏자를 주제로, 다양한 사전 반죽 기술과 숙성 방법에 따른 도우의 특징을 심도 있게 다루었습니다. 현재 시중에는 여러 형태의 요리책이 나와 있지만, 정통 이탈리아 핏자만을 전문적으로 다룬 책은 드뭅니다. 그만큼 핏자는 깊이 있게 다루기 어려운 주제입니다. 그럼에도 필자는 핏자 가게 창업을 준비하거나 핏자를 공부하는 이들에게 도움이 되고자 사명감을 가지고 이 책을 집필했습니다.

끝으로 이 책을 위해 많은 도움을 주신 모든 분들께 감사드리며, 앞으로 부족한 부분은 더욱 보완해 나가겠습니다.

감사합니다.

2025년 9월, 저자 **안토니오 심**

Prefazione

Quando parliamo di Italia e di cucina, una delle prime immagini che viene in mente è quella della pizza. Perché nella pizza, il mondo intero riconosce una genuina italianità. E per noi italiani è un simbolo, quasi una bandiera: un piatto che racchiude in sé lo spirito conviviale ed inventivo di generazioni di italiani.

Le origini della vera pizza, come la conosciamo noi oggi, sono profondamente intrecciate con la storia e lo spirito della splendida città di Napoli. È qui che la pizza nasce e si fa strada poi in tutta Italia grazie a pochi e semplici ingredienti, accessibili a tutti; pensate alla pizza Margherita: rossi pomodori freschi, una bianca mozzarella, il verde basilico, olio EVO e sale. Quanta Italia in questo piatto, ha perfino i colori della nostra bandiera!
E col tempo, ha raggiunto le cucine di tutto il mondo, un vero simbolo di globalizzazione apprezzato da tutti. Basti pensare che nel 2017 l'UNESCO ha iscritto, con voto unanime e proprio in Corea, a Jeju, l'Arte tradizionale del pizzaiuolo napoletano nella lista del patrimonio culturale dell'umanità: la terza iscrizione italiana nell'ambito della tradizione enogastronomica, dopo la "Dieta Mediterranea", bene transnazionale iscritto nel 2013, e "La vite ad alberello di Pantelleria" iscritta nel 2014.

Per noi italiani la pizza è davvero un'Arte: il "pizzaiuolo" attraverso la sua cucina esprime ciò che sente, come un pittore che, con i colori più semplici ed una tela bianca, riesce a produrre un'opera che trasmette emozioni complesse in chi l'ammira. È un vero capolavoro! Pochi cibi sono in grado di soddisfare i gusti di tutti e la pizza è senza dubbio uno di questi: si può scegliere tra infiniti condimenti e varianti.

La pizza, con la sua forma tonda e accogliente, è uno strumento di incontro di culture, anche quelle più apparentemente lontane, ove la "forza gentile" del gusto porta ad un incontro sincero e positivo: sono sicura che una pizza con kimchi e bulgogi, sarebbe buonissima!

La pizza per noi italiani è un'istituzione sociale, una pausa dai ritmi frenetici delle giornate per assaporare, in compagnia, prodotti locali e di alta qualità. Insomma, un modo di vivere! Un incontro di sapori e di persone che unisce nelle relazioni, sia interpersonali che internazionali. Una tavola imbandita avvicina le persone e favorisce l'ascolto. Conosciamo l'altro nell'intima realtà di un pasto, annullando ogni possibile conflittualità. È un prezioso momento di condivisione.

L'indiscutibile bontà della pizza e la sua adattabilità hanno contribuito a diffonderla in tutto il mondo. In effetti, la cucina è uno strumento diplomatico per far conoscere il proprio Paese all'estero. Il Ministero degli Affari Esteri e della Cooperazione Internazionale organizza ormai da quasi dieci anni una iniziativa di promozione della cultura enogastronomica italiana, conosciuta come "la Settimana della Cucina Italiana nel Mondo". Un evento che ogni anno riscuote un enorme successo, specialmente in Corea, dove l'interesse e la passione verso la cucina italiana, e anche per la pizza, sono letteralmente esplosi negli ultimi anni.

Le rivisitazioni creative, combinando il gusto mediterraneo con quello del palato coreano, convincono anche i più timidi ed avvicinano ancor di più i due Paesi. Arricchire ed integrare con prodotti alimentari di altre culture, restando nel solco dello spirito della tradizione, incoraggia ed incuriosisce, spinge a sperimentare ed innovare.
Ed è questo lo spirito di accogliente italianità che voglio trasmettervi e che vi invito a portare sempre con voi, anche al di là della tavola!

Buon appetito!

Emilia Gatto
Ambasciatrice d'Italia a Seoul

추천사

이탈리아와 요리를 이야기할 때 가장 먼저 떠오르는 이미지 중 하나는 바로 '핏자'입니다. 핏자야말로 이탈리아의 정수라는 사실을 모르는 이는 없기 때문입니다. 이탈리아인들에게 핏자는 국기와 같은 상징적인 존재입니다. 수세대를 걸쳐 형성된 공동체 정신과 창의성을 담은 음식이기 때문입니다.

오늘날 우리가 알고 있는 핏자의 기원은 이탈리아의 미항 나폴리의 역사와 정신과 관련이 있습니다. 나폴리에서 태어난 핏자는 어디서나 쉽게 구할 수 있는 단순한 재료 덕분에 이탈리아 전역에 퍼져 나갔습니다. 핏자 마르게리타만 봐도 그렇습니다. 신선한 빨간 토마토, 새하얀 모차렐라 치즈, 초록빛 바질, 엑스트라 버진 올리브 오일과 소금. 음식 하나에 이탈리아의 모든 것이 들어 있습니다. 심지어 이탈리아 삼색 국기까지 말입니다!

세월이 흐르며 핏자는 전 세계로 퍼져나갔고, 이제는 모두에게 사랑받는, 진정한 세계화의 상징이 되었습니다. 2017년, 유네스코는 바로 이곳, 한국 제주에서 만장일치로 '나폴리 핏자 장 전통 핏자 제조법'을 인류 무형문화유산으로 등재했습니다. 이는 2013년 등재된 '지중해 식단', 2014년 등재된 '판텔레리아의 알베렐로 포도 재배법'에 이어 세 번째로 등재된 이탈리아 전통 음식·와인 관련 유산입니다.

이탈리아인들에게 핏자는 진정한 예술입니다. 핏자 장인은 핏자를 통해 자신의 감정을 표현합니다. 단순한 색과 흰 캔버스만으로도 그림을 감상하는 이의 감정을 자극하는 화가처럼 말입니다. 그런 핏자 장인의 손에서 탄생한 핏자는 예술 작품입니다. 모든 사람의 입맛을 만족시킬 수 있는 음식은 많지 않지만, 핏자는 분명 그 중 하나입니다. 다양한 토핑으로 변주가 가능하기 때문입니다.

모양마저 둥그스름하고 따스해보이는 핏자는 멀리 떨어진 문화권을 이어주는 소통의 매개체입니다. '음식의 조용한 힘'이 사람들을 진솔하고 긍정적인 만남으로 이끄는 것입니다. 저는 김치와 불고기를 올린 핏자도 분명 맛있을 것이라고 확신합니다!

이탈리아인들에게 핏자는 사회 자체를 의미합니다. 바쁜 일상 속에서 잠시 일을 멈추고, 가까운 이들과 함께 그 지역에서 생산된 우수한 식재료를 즐기는 순간입니다. 핏자는 삶의 방식입니다! 음식을 나누며 새로운 관계가 맺어지고, 때로는 개인적 관계를 넘어 국제적 관계로까지 이어집니다. 정성껏 차

려낸 식탁은 사람들을 가깝게 하고, 상대방의 이야기에 귀기울이게 합니다. 함께 식사하며 상대를 있는 그대로 이해하고, 갈등을 없앨 수 있습니다. 핏자는 그런 소중한 나눔의 순간을 선사합니다.

모두가 인정하는 핏자의 맛과 다양성으로 인해, 핏자는 세계적인 음식이 되었습니다. 사실, 음식은 자국을 해외에 알리고 소개하는 중요한 외교적 도구입니다. 이탈리아 외교협력부는 약 10년 전부터 '세계 이탈리아 음식 주간'이라는 연례행사를 통해 이탈리아 전통 음식과 와인 문화를 알려왔습니다. 세계 이탈리아 음식 주간은 특히 한국에서 큰 성공을 거두고 있습니다. 최근 몇 년간 한국에서 이탈리아 요리에 대한 관심, 열정과 핏자 사랑은 가히 폭발적입니다.

지중해의 맛과 한국인의 입맛을 창의적으로 재해석한 핏자는 다소 보수적인 입맛을 가진 사람들도 쉽게 접근할 수 있습니다. 핏자 덕분에 한국과 이탈리아가 더욱 가까워졌습니다. 뿐만 아니라 전통적인 틀 안에서 다른 문화권의 재료들을 받아들이고, 그로 인해 풍성해지는 핏자는 지속적인 실험과 혁신이 가능한 음식입니다.

저는 바로 그런 핏자의 따스하고 포용적인 이탈리아적인 정신을 여러분께 전하고 싶습니다. 여러분 모두 그런 이탈리아적인 정서를, 식사를 마친 후에도 간직해주시기 바랍니다!

부온 아페티토!

에밀리아 가토
주한 이탈리아 대사

CONTENTS

이탈리아의 핏제리아

- 나폴리의 유명 핏제리아   016
- 밀라노의 유명 핏제리아   038

이탈리아 핏자의 정의

01. 이탈리아 핏자 알아보기   045
02. 이탈리아를 대표하는 핏자 협회 'AVPN'에서 규정하는 나폴리 핏자의 정의   048
03. 이탈리아 정통 나폴리 핏자의 구조   052
    ① 진정한 나폴리 핏자의 고유 제품 (마리나라, 마르게리타)
    ② 진정한 나폴리 핏자의 정의
    ③ 최상의 나폴리 핏자를 만들기 위한 재료별 온도
04. 나폴리 핏자의 영양학적 가치   056
05. 현대의 컨템포러리(까노또) 핏자   057

이탈리아 핏자를 구성하는 기본 재료들

01. 나폴리 핏자를 구성하는 재료의 순환도   060
02. 밀가루   062
    ① 국내산 밀가루와 이탈리아산 밀가루의 차이
    ② 이탈리아산 밀가루의 분쇄 공정
    ③ 분쇄 상태에 따른 밀가루의 분류
    ④ 회분
    ⑤ 밀가루의 힘
    ⑥ 밀가루의 화학적 구성
    ⑦ 글루텐
    ⑧ 핏자용 밀가루
    ⑨ 덧가루로 사용하는 밀가루
03. 물   069
04. 소금   070
05. 효모   071
06. 건조 사워도우   073

이탈리아 핏자를 구성하는 양념 & 토핑 재료들

01.	토마토	076
	• 핏자용 토마토 소스 레시피	078
02.	모차렐라와 기타 치즈들	080
03.	올리브오일	085
04.	기타 재료들	086

화덕과 도구

01.	화덕의 구조	092
02.	화덕의 종류	094
03.	화덕의 관리	096
04.	장작	098
05.	반죽기	100
06.	기타 도구들	101

PART 6

핏자 도우 만들기

01.	반죽의 숙성과 발효	107
02.	클래식 나폴리 반죽 이해하기	112
03.	클래식 나폴리 반죽 레시피	114
04.	컨템포러리 반죽 이해하기	116
05.	컨템포러리 반죽을 만들기 위한 3가지 사전 반죽	
	① 비가	120
	② 풀리시	122
	③ 오토리즈	123
06.	컨템포러리 반죽 레시피 5가지	
	① 수분율 70% 풀리시 반죽	124
	② 수분율 72% 풀리시 & 오토리즈 반죽	126
	③ 수분율 75% 단기 비가 100% 반죽	128
	④ 수분율 75% 장기 비가 100% 반죽	132
	⑤ 수분율 80% 비가 & 오토리즈 반죽	134

도우 성형과 굽기

01. 진정한 나폴리 핏자의 성형 과정   140
02. 컨템포러리 핏자 도우 성형   144
03. 토핑 올리기와 굽기   148

핏자 레시피 (클래식 & 컨템포러리)

본격적인 핏자 레시피에 들어가기에 앞서   152

01. 핏제떼 Pizzette   154
    - 마르게리타 핏제떼
    - 페스토 핏제떼
    - 루꼴라 핏제떼
02. 파누오쪼 나폴레타노   158
    Panuozzo Napoletano
03. 파누오쪼 컨템포러리   160
    Panuozzo Napoletano Contemporanea
04. 아로톨라타 Pizza Arrotolata   162
05. 마리나라 Pizza Marinara   164
06. 마르게리타 Pizza Margherita   166
07. 부팔라 마르게리타   168
    Pizza Margherita con bufala
08. 부라타 마르게리타   170
    Pizza Margherita con burrata
09. 고르곤졸라 피칸테   172
    Pizza al Gorgonzola Piccante
10. 디아볼라 Pizza Diavola   174
11. 칼초네 Calzone   176
12. 스텔라 Pizza Stella   178
13. 카프레제 & 루꼴라   182
    Pizza Caprese con Rucola
14. 고르곤졸라 풍기   184
    Pizza Gorgonzola e Funghi
15. 카프리초사 Pizza Capricciosa   186
16. 시칠리아나 Pizza Siciliana   188
17. 오르톨라나 Pizza Ortolana   190
18. 콰트로 포르마지   192
    Pizza ai Quattro Formaggi
19. 프랑크푸르트 & 감자칩   194
    Pizza Wurstel e Patat
20. 피스타치오 & 살시차   196
    Pistacchio e Salsiccia
21. 루꼴라 & 프로슈토   198
    Pizza Rucola e Prosciutto
22. 바질 페스토 & 감자   200
    Pizza Genovese con Patate
23. 폴펫티네 Pizza Polpettine   202
24. 베수비오 Pizza Vesuvio   204

25.	살시차 & 프리아리엘리 Pizza Salsiccia e Friarielli	206
26.	포르치니 & 타르투포 Pizza con Porcini e Tartufo	208
27.	살시차 & 프로슈토 코토 Pizza Salsiccia e Prosciutto Cotto	210
28.	카르초피 Pizza Calciofi	212
29.	캄파니아 오르톨라나 Pizza Campania Ortolana	214
30.	포모도로 콩피 Pizza Pomodoro Confit	216
31.	포폴로 Pizza Popolo	218
32.	크레마 주카 Pizza con Crema di Zucca	220
33.	톤노 & 치뽈레 Pizza Tonno e Cipolle	222
34.	부라타 & 하몽 Pizza Burrata e Jamón	224
35.	트리콜로레 Pizza Tricolore	226
36.	부팔라 & 모르타델라 Pizza Burrata e Mortadella	228
37.	콰트로 스타지오니 Pizza Quattro Stagioni	230
38.	비스마르크 Pizza Bismarck	232
39.	브루스케또네 Pizza Bruschettone	234
40.	풍기 미스티 Pizza ai Funghi Misti	236
41.	바질 페스토 Pizza al Pesto	238
42.	주카 Pizza con la Zucca	240
43.	브로콜리 Pizza di Broccoli	242
44.	무화과 Pizza Fichi	244
45.	프리따 Pizza Fritta	246
46.	판제로띠 Panzerotti	248

PART 9

핏자 레시피 (로마식)

	로마식 핏자 알아보기	252
01.	사각 핏자 Pizza in Teglia	254
02.	토마토와 모차렐라를 올린 사각 핏자 Pizza in Teglia al Pomodoro e Mozzarella	258
03.	페스토와 모차렐라가 들어간 사각 핏자 Pizza in Teglia con Pesto e Mozzarella	262
04.	감자와 로즈마리를 곁들인 사각 핏자 Pizza in Teglia con Patate e Rosmarino	264

Q & A 268

그 밖의 정보들 278

핏제리아 (Pizzeria)

핏자를 전문적으로 만드는 음식점으로, 전통과 문화를 지키는 공간이다. 각자의 역할이 모여 한 장의 핏자가 완성된다.

- Parcitore(파르치토레) : 대량 발효 반죽을 균일하게 나누어 볼라(도우 공)를 만드는 사람
- Stessore(스테소레) : 볼라를 손으로 눌러 원형 도우로 펴는 사람
- Pizzaiolo(핏자이올로) : 좁은 의미에서는 직접 도우를 펴고 토핑을 얹는 사람을 가리키기도 하지만, 전통적인 체계에서는 핏자 조리 과정 전체를 총괄하는 핏자 장인이자 총책임자
- Fornaio(포르나이오) : 토핑된 핏자를 화덕에 넣어 굽고 불을 다루는 사람
- Cameriere(카메리에레) : 구워진 핏자를 손님에게 서빙하는 사람

나폴리의 유명 핏제리아 ❶ 클래식한 전통 나폴리 핏자의 대가들

PORT'ALBA

이탈리아 최초의 핏자집

포르탈바

나폴리 시내 중심에 위치한 포르탈바는 전 세계에서 가장 오래된 첫 번째 핏제리아다.

1738년 처음 문을 열었을 당시에는 길거리 노점상들에게만 핏자를 공급했고, 노점상들은 그것을 오가는 행인들에게 판매했다. 당시 남부 이탈리아의 경제 사정이 좋지 않았기 때문에 핏자의 지불 방식 또한 독특했다. 이른바 '8일 핏자(Pizza a otto)'는 가난한 손님이 핏자를 먹은 뒤 8일 이내에 값을 치를 수 있도록 허용한 방식에서 비롯된 이름이다.

이후 1830년, 나폴리 시내에 테이블과 의자를 갖추고 손님을 받는 핏제리아로 확장했으며, 현재까지 그 전통을 이어오고 있다. 특히 이곳에서 고안되어 유명해진 핏자가 바로 '마스투니콜라(Mastunicòla, 거장 니콜라라는 의미)'이다. 이는 스트롯또(돼지기름), 양젖 치즈, 바질로 양념한 핏자다.

역사와 전통이 깊은 핏제리아인 만큼 이곳을 다녀간 역사적 인물도 많다. 양시칠리아 왕국의 왕 페르디난도(1751~1825), 이탈리아 왕국의 대통령 프란체스코 크리스피(1818~1901), 역사가이자 철학자인 베네데토 크로체(1866~1952), 퇴폐주의 문학의 상징인 가브리엘레 다눈치오(1863~1938), 문학가 살바토레 디 자코모(1860~1934), 그리고 최근에는 전 이탈리아 총리 실비오 베를루스코니(1936~) 등이 대표적이다.

1738

Port'Alba
Via Port'Alba, 18
80134 Napoli, Italy
Tel. +39 081 459713 / Fax. +39 081 4421061

나폴리의 유명 핏제리아 ❷ 클래식한 전통 나폴리 핏자의 대가들

BRANDI

마르게리타 왕비가 방문했던 핏자집

브란디

브란디는 1780년, 나폴리 팔라초 레알레(Palazzo Reale) 인근 산타 안나 디 팔라초 거리(Salita S. Anna di Palazzo)에 'Pietro… e basta cos', 즉 '피에트로… 그것으로 충분해'라는 상호로 문을 열었다. 가게 이름은 초창기 소유주 피에트로 콜리초(Pietro Coliccio)의 이름에서 비롯되었으며, 이후에는 줄여서 '피에트로 핏자이올로(Pietro il pizzaiolo)'로 불리며 유명세를 얻었다.

피에트로 콜리초는 형제도 자식도 없었기에 자신의 핏자 가게를 엔리코 브란디(Enrico Brandi)에게 넘겼다. 이후 엔리코 브란디는 가게를 딸 마리아 조반나 브란디(Maria Giovanna Brandi)에게 물려주었는데, 그녀는 마르게리타 핏자의 창시자로 알려진 라파엘레 에스포지토(Raffaele Esposito)의 아내가 되었다. 이렇게 브란디 핏제리아의 역사가 시작되었다.

이후에도 피에트로 콜리초의 별명 '피에트로 핏자이올로'는 전해져, 그곳에서 핏자를 굽는 사람들을 모두 '피에트로'라고 부르게 되었다. 그러던 1889년 6월, 라파엘레 에스포지토는 왕궁 관리의 초대를 받아 궁전에서 세 가지 핏자를 귀족들에게 대접했다. 첫 번째는 올리브 오일, 치즈, 바질로 만든 비앙카 핏자(토마토 소스를 사용하지 않는 하얀 핏자), 두 번째는 작은 생선을 올린 핏자, 세 번째는 모차렐라와 토마토를 올린 핏자였다. 이 가운데 마지막 핏자를 여왕 마르게리타가 유난히 좋아해, 그녀의 이름을 딴 마르게리타 핏자가 탄생했다.

브란디 핏제리아는 2층 구조로 이루어져 있으며, 직원들은 매우 친절하고 활기가 넘친다. 또한 오랜 역사에 큰 자부심을 가지고 있다. 벽에는 그곳을 다녀간 유명인과 정치가들의 사진이 가득 걸려 있고, 사보이아 왕가의 편지도 전시되어 있다. 편지에는 라파엘레 에스포지토의 솜씨와 마르게리타 핏자에 경의를 표하는 내용이 담겨 있다.

핏자를 사랑하는 이들에게 권하고 싶은 것은, 나폴리를 세계적으로 알린 인물들의 이름이 헌정된 핏자들이다. 예를 들어 '핏자 돈나 소피아(Donna Sofia)'는 나폴리 출신의 배우 소피아 로렌에게 헌정된 것으로, 작은 생선과 토마토, 오레가노가 올라간다. 희극배우 토토의 이름을 딴 '토토 칼초네(Totò Calzone)'는 치커리와 리코타로 만들었으며, 희극인 페피노 데 필리포의 이름을 딴 '페피노 데 필리포 핏자'는 살시차와 프리아리엘리(순무 잎과 비슷한 채소)로 만들었다. 또한 양시칠리아 왕국의 국왕 페르디난도의 이름을 딴 '페르디난도 핏자'는 해산물을 올린, 일종의 마리나라와 유사한 핏자다.

1738
1780(+42)

Brandi
Salita S. Anna di Palazzo, 1-2, 80100 Napoli, Italy
Tel. +39 081 416928

나폴리의 유명 핏제리아 ❸ 클래식한 전통 나폴리 핏자의 대가들

DA MICHELE

  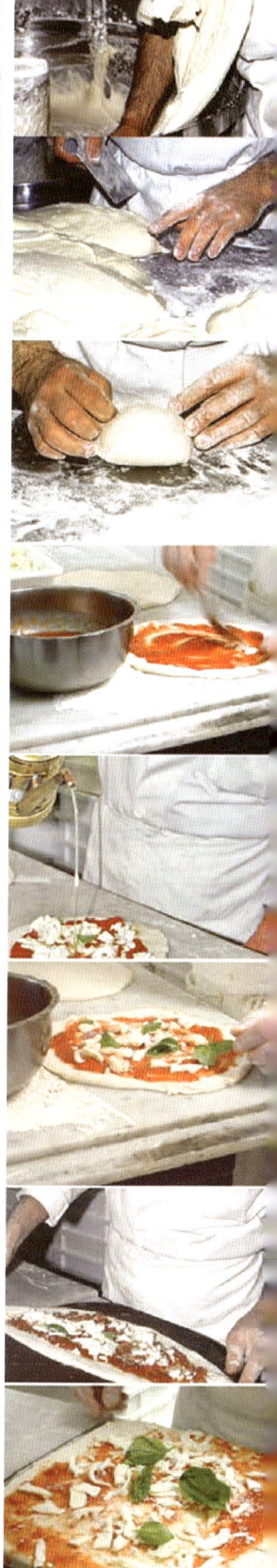

마라도나와 줄리아 로버츠가 찾아서
더 유명해진 핏제리아
다 미켈레

1870년, 콘두로(Condurro) 가문은 나폴리 시내 중심에서 전통 핏자의 장인이 되기 위한 길을 걷기 시작한다. 살바토레 콘두로의 아들 미켈레는 반죽과 핏자 조리 전문가였던 토레 안눈치아타에게 비법을 전수받아 가문의 핏자 기술을 완성한다.

미켈레는 1906년 첫 번째 핏제리아를 열었으나, 그 자리에 아스칼레시(Ascalesi) 병원이 새로 들어서면서 1930년에 결국 가게를 현재의 체사레 세르살레(Cesare Sersale) 거리로 옮기게 된다. 이곳은 이후 많은 전문가와 기자들에게 '핏자의 성스러운 신전(Il tempio sacro della pizza)'이라 불리게 된다.

그때부터 5대에 걸쳐 이어온 핏자 장인들은 창시자 미켈레의 가르침을 벗어나지 않고 전통적인 방법을 지키며 핏자를 만든다. 미켈레는 나폴리 전통 핏자 본연의 맛을 해치는 불필요한 재료를 첨가하지 않고, '마리나라'와 '마르게리타' 단 두 가지 핏자만을 고집한다.

세기를 이어온 이 성공의 비밀은 두 가지다. 첫째, 자연의 재료를 사용하는 것, 둘째, 핏자 반죽의 발효 방식을 옛 방식 그대로 지켜오는 것이다.

```
1738
1780(+42)
1870(+90)
```

Da Michele
Via Cesare Sersale, 1, 80139 Napoli   Tel. +39 081 5539204

나폴리의 유명 핏제리아 ❹ 클래식한 전통 나폴리 핏자의 대가들

DI MATTEO

빌 클린턴의 방문으로 유명한 핏제리아

디 마테오

나폴리 거리에서 먹는 핏자는 아주 맛있을 수도 있지만, 때로는 형편없을 수도 있다. 이곳에는 작은 핏제리아와 다양한 프리짓토리아(friggitoria, 핏자, 튀긴 도우, 라이스볼 등을 파는 튀김 가게)가 많다. 그러나 일부 가게에서는 냉동 핏자를 전자레인지에 데워 팔기도 하며, 이를 관광객들이 눈치채지 못하도록 유리 진열장에 직접 구운 것처럼 진열하기도 한다. 하지만 이런 곳이 있음에도 나폴리 거리 음식의 대부분은 매우 맛있다.

디 마테오는 훌륭한 핏제리아이자 프리짓토리아의 본보기다. 이곳은 도시의 역사적 중심지인 트리부날리(Tribunali) 거리 94번지에 위치한다. 대부분의 가게가 거리에서 핏자나 튀김을 포장 판매하는 것과 달리, 이곳은 내부 테이블 서비스를 제공한다. 가게 앞을 지나가다 보면 장작 화덕에서 핏자 삽으로 핏자를 꺼내 큰 접시나 유리 진열장에 담는 핏자이올로의 모습을 쉽게 볼 수 있다.

나폴리 사람들은 핏자에 대해 매우 진지하며, 형편없는 음식으로 칼로리를 낭비하고 싶어 하지 않는다. 이러한 나폴리에서 가게가 늘 사람들로 붐빈다는 사실은 그만큼 핏자와 튀김이 뛰어나다는 증거라 할 수 있다.

```
1738
1780(+42)
1870(+90)
1930(+60) - 1960 특허
```

DI MATTEO
Via dei Tribunali, 94, 80138 Napoli
Tel. +39 08145526

나폴리의 유명 핏제리아 ❺ 클래식한 전통 나폴리 핏자의 대가들

SORBILLO

이탈리아에서 가장 사랑받는 핏제리아
소르빌로

핏제리아 소르빌로의 역사는 1935년으로 거슬러 올라간다. 당시 루이지 소르빌로(Luigi Sorbillo)는 나폴리 트리부날리(Dei Tribunali) 거리 35번지에 작은 핏제리아를 열었는데, 테이블은 네 개에 불과했다. 그는 16세 때부터 가업으로 핏자를 배우기 시작해 마침내 자신의 가게를 열었고, 오늘날까지 그의 후손들이 그 전통을 이어가고 있다.

노릇하고 바삭하게 구워낸 핏자는 입천장에 착 달라붙는 황홀한 맛을 낸다. 현재 소르빌로를 운영하고 있는 안토니오는 "저는 핏제리아에서 태어났습니다! 제 요람은 반죽기였을 거예요."라고 농담한다. 그의 말은 대대로 이어져 온 핏제리아 소르빌로의 전통과 역사가 그만큼 깊다는 것을 보여준다.

```
1738
1780(+42)
1870(+90)
1930(+60) - 1960 특허
1935(+5)
```

Pizzeria Antonio e Gigi Sorbillo
Via dei Tribunali, 38 - 80134 Napoli
Tel. +39 081 0331009

나폴리의 유명 핏제리아 ❻ 클래식한 전통 나폴리 핏자의 대가들

PIZZA A METRO

메트로 핏자 만들기
❶ 발효된 핏자 반죽을 준비한다.
❷ 발효된 반죽을 먼저 손으로 펼친 뒤, 계속해서 균일하게 펴 준다.
❸ 방망이를 이용해 반죽을 길게 늘린다.
❹ 최종적으로 늘린 반죽을 나무판으로 옮겨 토핑과 굽기 준비를 한다.
❺ 열십자 모양으로 반죽 띠를 둘러 네 구역을 나눈다.
❻ 각 구역에 서로 다른 토핑 재료를 올린다.
❼ 올리브오일을 골고루 뿌린다.
❽ 450℃로 달군 나무 화덕에 넣어 구워낸다.

아버지의 손(Le sue mani)

피곤하고 거칠고 까맣게 탄 손이지만 아름답다.
왜냐하면 나의 아버지의 손이기 때문이다.
깨끗하게 씻었지만 결코 빛나지 않는 손을 가진 아버지는
항상 손에는 반죽을 묻히고 웃음을 머금고 계셨다.
빈곤과 고생의 시간은 날 위한 아버지의 사랑이었다.
어린 아이, 내가 삶의 오르막길을 오를 수 있도록
도와주신 아버지.
성인이 된 나는 짧디짧은 감정들을 쫓고 있다.
아직도 나는 어둠 속에서 외롭거나 불안할 때
그리고 넘어지지 않기 위해 아버지의 손을 찾는다.
그 손은 피곤하고 거칠며 검게 탔지만 멋있는 손이다.
왜냐하면 나의 아버지의 손이기 때문이다.

- 에르미니오 크립파(Erminio Crippa)

소렌토 지역의 유명 핏제리아
핏자 아 메트로

핏자 아 메트로는 비코 에쿠엔세(Vico Equense)에 위치한다. 이곳은 나폴리의 카스텔라마레 디 스타비아(Castellammare di Stabia)를 따라 펼쳐진 바다와 맞닿아 있으며, 소렌토 반도에 자리한 마을이다.

이탈리아 전통 음식 문화에서 가장 유명한 것 중 하나는 단연 핏자 알 메트로(la pizza al metro)다. 이는 천재적인 발명가 지지노 델라무라(Gigino Dell'Amura)가 30주년에 특허를 받은 것으로, 세계에서 가장 큰 파네테리아 디 파밀리아(panetteria di famiglia)의 시초가 되었다.

이 레스토랑의 엄청난 성공 비결은 단순히 설명하기 어렵다. 그러나 카를로 젯키 교수가 말한 "살면서 이곳의 핏자를 적어도 한 번 먹으면 위와 눈에서 환희를 느낄 수 있다. 정말 이곳의 핏자는 엄청나고 초인적인 힘을 지니고 있다."는 평가처럼, 이곳의 핏자는 환상적인 맛을 자랑한다. 또한 지지노 델라 무라의 예술적 재능과 상상력은 전통적인 형태를 넘어 '메트로 핏자'를 예술의 경지에 이른 음식으로 승화시켰다.

```
1738
1780(+42)
1870(+90)
1930(+60) - 1960 특허
1935(+5)
1936(+1)
```

Via nicotera, 11
80069 - Vico equense (NA)
Tel. +39 081 8798309

지지노 델라무라(Gigino Dell'Amura)
1894년 11월 29일, 25세의 안토니오 델라무라는 28세의 로사 카초폴리와 결혼해 다섯 명의 자녀를 둔다. 자녀들이 모두 나이가 들어 독립했으나, 루이지만은 남아 주인이 이민을 떠날 때까지 수십 년 동안 자신의 모든 열정을 작은 화덕에 쏟아 부었다. 그는 재산도 없고 부양할 가족이 있어 부담은 컸지만, 한 가지 커다란 꿈이 있었다. 바로 세상에서 가장 큰 핏자를 만드는 것이었다. 이것은 누구도 상상하지 못했던 일이었고, 그 꿈은 결국 오늘날의 '핏자 아 메트로'를 탄생시켰다.

나폴리의 유명 핏제리아 ❼ 컨템포러리 핏자의 대가들

PIZZERIA
VINCENZO CAPUA

2024 세계 12위
핏제리아 빈첸초 카푸아노

빈첸초 카푸아노는 1989년 나폴리에서 오랜 전통을 이어온 핏자 장인 가문에서 태어났다. 어린 시절부터 핏자에 대한 큰 열정을 보였으며, 할아버지와 아버지로부터 '화이트 아트(White Art, 밀가루 예술의 의미)'의 비법을 전수받았다. 수년간의 성장과 경쟁 끝에 그는 2022년 카푸토 트로피에서 '컨템포러리 핏자' 세계 챔피언 타이틀을 획득한다.

오늘날 카푸아노는 24개의 매장을 운영하는데, 그중 상당수가 캄파니아주에 있다. 2023년에는 밀라노 포르타 로마나 지역 비아 라자로 파피 거리(Via Lazzaro Papi)에 핏제리아를 열었다. 이곳은 고품질 재료와 전통 기술을 현대적 감각으로 결합한 다양한 핏자를 선보이는데, 대표 메뉴인 프로볼라 에 페페 콘템포라네아(Provola e Pepe Contemporanea)는 손으로 으깬 산마르자노 토마토, 나폴리 훈제 프로볼라, 갓 빻은 후추를 사용해 정통적이면서도 혁신적인 조합을 보여준다.

이 핏제리아는 빠른 속도로 밀라노에서 주목을 받았으며, 미디어 노출과 활발한 소셜 미디어 활동을 통해 더 알려졌다. 카푸아노는 장시간 발효한 수분이 많은 반죽을 사용해 가볍고 소화하기 쉬운 핏자를 만드는 혁신적 접근으로 유명하다.

그의 인기 창작 핏자 가운데는 코르니초네 리피에노(Cornicione Ripieno)와 살시차 에 프리아리엘리(Salsiccia e Friarielli)가 있다. 이는 전통적인 나폴리 고전을 현대적 감각으로 재해석하는 그의 능력을 잘 보여주는 메뉴다.

Chef Vincenzo Capuano
Via Bisignano, 14, 80121 Naples, NA, Italy
Tel. +39 081 1823 6672
www.capvin.com

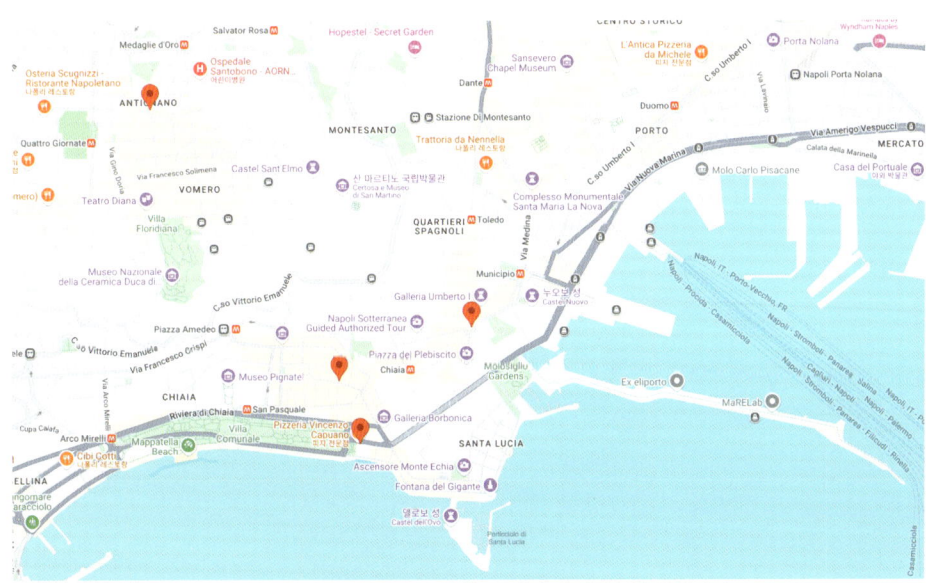

나폴리의 유명 핏제리아 ⑧ 컨템포러리 핏자의 대가들

PIZZERIA LOMBARDI 1892

나폴리의 비아 포리아(Via Foria)에 있는
롬바르디 1892: 고대의 핏자

핏제리아 롬바르디 1892

롬바르디 가문의 이야기는 19세기 말로 거슬러 올라간다. 1892년 엔리코 롬바르디가 사업을 시작하면서 비롯되었는데, 그는 동생 안토니오와 사촌 제나로와 함께 뉴욕에 핏제리아를 열어 나폴리 핏자를 알리는 계기를 만들었다.

제1차 세계대전 중 이탈리아로 돌아온 엔리코는 핏자이올로였던 아들 루이지와 함께 비아 트리부날리에 핏제리아를 열었고, 1929년에는 비아 포리아에도 핏제리아를 열었다. 1940년대 후반부터는 루이지의 아들 엔리코와 그의 아내 실비아가 이곳을 운영했다. 현재는 사촌인 엔리코와 카를로 알베르토가 이 핏제리아의 상징적 인물로 가문의 전통과 역사를 이어 가고 있다.

롬바르디 1892의 고전적인 나폴리 반죽은 100년 역사를 증명하듯 5대에 걸쳐 이어져 내려왔다. 매장은 몇 층에 걸쳐 200석이 마련되어 있으며, 고전적인 나무와 대리석 테이블이 시선을 끈다. 외부에도 몇 개의 테이블이 마련되어 있어 살시차와 프리아리엘리가 어우러진 정통 핏자를 즐길 수 있다.

이 집에서 반드시 맛봐야 하는 것은 고전적인 핏자인 마르게리타 핏자인데, 퀄리티가 매우 높고 좋은 원재료를 사용했음을 쉽게 알 수 있다. 롬바르디 가문은 나폴리 핏자 제조법의 전통을 이어 오며, 그 진실성을 생생하게 증언하고 있다.

Chef Carlo Alberto와 Enrico Lombardi

Lombardi 1892, Via Foria, Naples, NA, Campania, Italy
Tel. +39 081 456220
www.lombardi1892.it

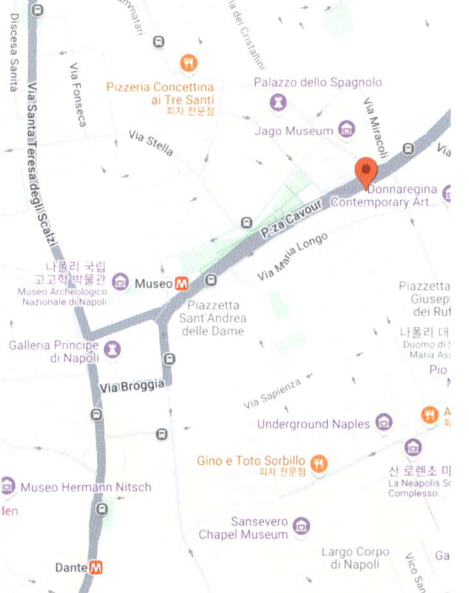

나폴리의 유명 핏제리아 ❾ 컨템포러리 핏자의 대가들

PIZZERIA PEPE IN GRANI

2024 세계 25위
핏제리아 페페 인 그라니

프랑코 페페의 몸에는 반죽의 DNA가 흐르고 있다고 해도 과언이 아니다. 할아버지는 제빵사였고, 아버지는 핏자이올로(핏자 장인)였으며, 그와 형제들은 모두 그 가업을 이어받았다. 그렇게 3세대를 대표하는 장인으로 오늘의 프랑코 페페가 있다.

프랑코는 세계 최고의 핏자이올로 중 한 명으로, 손수 만든 독창적인 반죽으로 유명하다. 그는 고전적인 이탈리아 요리법을 창의적인 재료로 재해석하며, 핏자 만들기를 예술의 경지로 끌어올리기 위해 헌신한다.

프랑코는 아버지 스테파노와 함께 고향 마을 카이아초(Caiazzo)에서 가족이 운영하는 핏제리아에서 자랐다. 할아버지와 아버지 세대로부터 이어받은 경험을 바탕으로 새로운 영감을 얻은 그는 2012년, 알토 카세르타노의 풍미를 담아낸 가장 개인적인 프로젝트 '페페 인 그라니(Pepe in Grani)'를 열었다.

카이아초는 프랑코 페페가 역사적인 중심지 골목에 실험, 장인정신, 창조의 본거지를 둔 완벽한 배경이 되었다. 이제 핏자계의 거장이 된 그는 재료의 품질과 다양한 조합, 그리고 서비스의 수준에서 언제나 놀라움을 선사한다.

Chef Franco Pepe

Pepe In Grani, Vicolo S. Giovanni Battista, 3, 81013 Caiazzo CE, Italy
Tel. +39 0823 862718
www.pepeingrani.it

나폴리의 유명 핏제리아 ⑩ 컨템포러리 핏자의 대가들

PIZZERIA 50 KALÒ

2024 이탈리아 4위

핏제리아 50 칼로

초수화 반죽을 연구해 가볍고 소화하기 쉬운 반죽을 완성했으며, 권위 있는 평론가들로부터 수상과 인정을 받았다.

"이탈리아 최고의 핏자 중 하나" - 뉴욕 타임스, 2014 -

감베로 로소(Gambero Rosso)로부터 2016년 마에스트리 델 임파스토 (Maestri dell'Impasto) 상 수상

이탈리아 레스토랑 가이드 <구이다 리스토란티 디탈리아(Guida Ristoranti d'Italia de L'Espresso)>로부터 2016년 '도우의 왕(King of Dough)' 수상

이덴티타 골로세(Identità Golose)가 선정한 '이탈리아 요리를 바꾼 100인 셰프' 중 한 명으로 선정

슬로푸드(Slow Food) 나폴리 핏자 홍보대사

그가 운영하는 핏제리아 50 칼로는 미슐랭 가이드에 등재된 6개의 이탈리아 핏제리아 중 하나다. 나폴리 전통에 굳건히 뿌리를 두면서도 신선함과 계절성, 주방의 치밀한 작업을 바탕으로 다채롭고 풍부한 메뉴를 선보인다. 고전적인 반죽과 롤링으로 만든 핏자는 과거와 현재가 완벽하게 조화를 이루는 음식이며, 다양한 와인과 맥주와 함께 곁들이기에도 좋다.

Chef Ciro Salvo

50 Kalò, Piazza Sannazaro, 201/c, 80121 Napoli NA, Italy
Tel. +39 081 1920 4667
www.50kalo.it

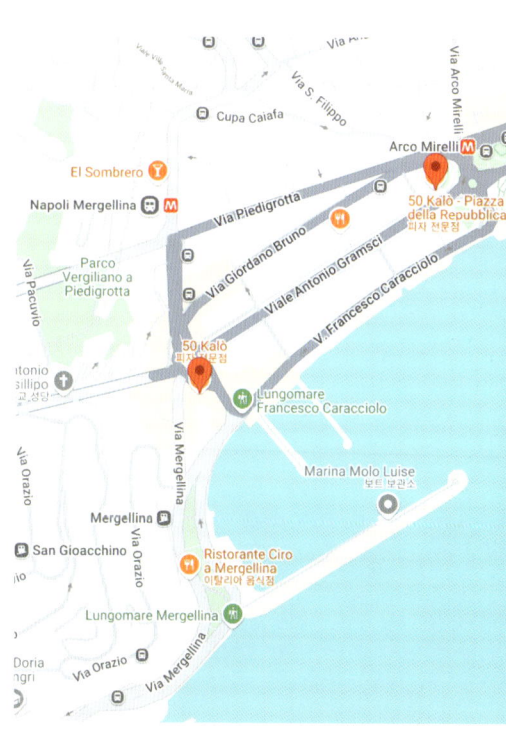

나폴리의 유명 핏제리아 ⑪ 컨템포러리 핏자의 대가들

PIZZERIA
PALAZZO PETRUCCI

2024 이탈리아 24위
핏제리아 팔라초 페트루치

핏제리아 팔라초 페트루치는 나폴리 구시가지 산 도메니코 마조레(San Domenico Maggiore) 광장에 있으며, 나폴리의 미식 전통을 존중하면서도 현대적인 감각을 갖춘 핏자 철학을 보여준다.

2014년 4월 16일 개장한 이곳은 나폴리에서 가장 아름다운 광장 중 하나에 자리한다. 파라솔이 드리운 테이블이 놓인 넓은 야외 공간이 있어 방문객들을 맞이한다. 그러나 핏제리아 팔라초 페트루치의 가장 큰 매력은 무엇보다 광장을 내려다보는 테라스다. 테라스는 날씨가 좋은 날은 물론, 봄·여름·가을·겨울 내내 개방되어 있다. 오벨리스크와 핏자가 어우러지는 화창한 날이나 저녁은 언제든 핏자를 즐기기에 완벽하다.

이곳은 나폴리에서 테이블 예약을 받는 몇 안 되는 핏제리아 중 하나다. 줄을 서거나 오래 기다릴 필요 없이 정확하고 안정된 서비스를 보장한다. 무엇보다 미식가들의 바이블로 불리는 권위 있는 미슐랭 가이드에 등재된 나폴리 핏제리아 중 한 곳으로, 이곳에서는 정통 마르게리타 핏자를 맛볼 수 있다.

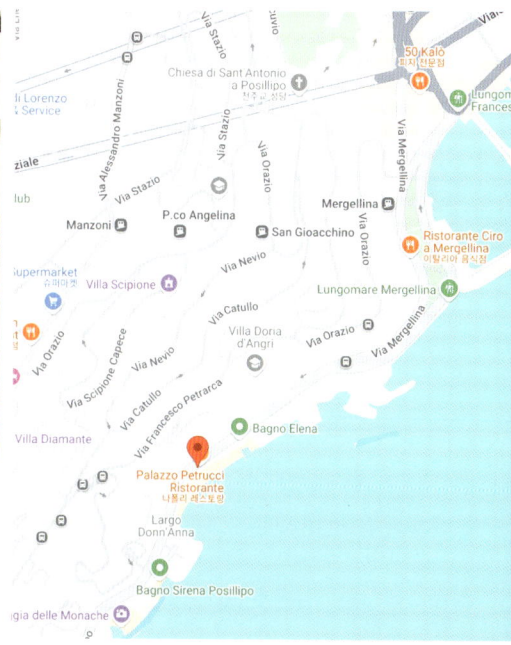

Chef Davide Ruotolo
Piazza San Domenico Maggiore 5-7, Napoli, 80134, Italy
+39 081 551 2460
www.palazzopetrucci.it

밀라노의 유명 핏제리아 ❶ 클래식한 전통 나폴리 핏자의 대가들

LA PREMIATA

밀라노의 옛 운하 나빌리오에 자리 잡은 유명 핏제리아
라 프레미아타

이탈리아어 '프레미아토(premiato)'는 '상을 받은, 승리한'이라는 의미로, 이곳은 한마디로 '최고의 핏제리아'라 할 수 있다. 이곳은 밀라노 외곽의 나빌리오 운하를 따라 늘어선 운치 있는 데 아미치스 거리(Via E. De Amicis, 22, Milano)에 위치한다. 나빌리오 운하는 과거 밀라노 두오모 성당을 건축할 때 대량의 대리석을 운반하기 위해 만든 것이며, 오래전에는 밀라노 거리마다 운하가 있었으나 현재는 나빌리오 지구 일대에만 남아 있다. 작은 규모의 운하이지만 지금도 관광 명소로 자리 잡아 유람선이 오가고, 저녁 6시 무렵이면 양측 상가들이 테이블과 파라솔을 내놓아 장터와 같은 활기를 띤다.

필자는 밀라노에 가면 이곳을 빼놓지 않고 들른다. 다양한 음식이 있기 때문이다. 일본 요리, 중국 요리, 동남아시아 요리까지 가끔 눈에 띈다. 시원한 생맥주와 칵테일을 즐길 수 있지만 모기와의 전투를 벌여야 하기도 한다. 주로 젊은이부터 노인, 가족 단위 손님까지 다양하게 모이며, 저녁이면 도깨비 시장처럼 사람들로 붐빈다. 셰프 니콜라와 그의 가족들은 따뜻하게 손님들을 맞이한다.

레스토랑 입구의 커다란 칠판에는 셰프 니콜라가 추천하는 특선 메뉴와 새로운 소식이 적혀 있다. 특선 요리는 시장에서 가장 신선한 재료를 공수해 그날 바로 만드는 것이므로 꼭 맛볼 만하다. 가끔은 그가 개발한 신메뉴도 선보인다. 특히 샤프란을 넣은 해산물 요리를 맛보려면 이틀 전 예약이 필요하다. 바롤로 와인 향이 가득한 리소토 역시 그의 특기다.

이곳은 '아름다운 시절(La Belle Époque)', 즉 19세기 말 산업혁명 이후부터 제1차 세계대전 전까지 유럽이 풍요와 평화를 누리던 시기를 연상시키는 색감과 소품으로 꾸며져 있다. 아늑하고 편안한 분위기를 즐길 수 있을 뿐 아니라 넓고 특색 있는 공간 덕분에 비즈니스 모임이나 가족, 친구와의 파티 장소로도 훌륭하다.

이곳의 요리는 단순하지만 맛있다. 이는 언제나 좋은 재료를 사용하는 셰프 니콜라와 프레미아타의 고집스러운 선택 덕분이다.

La Premiata Pizzeria
Milano - Alzaia naviglio grande 2
Tel. +39 02 89400648

밀라노의 유명 핏제리아 ❷ **클래식한 전통 나폴리 핏자의 대가들**

LE FONTI DI RECOARO

파비아 언덕의 자연경관이 어우러진 핏제리아
레 폰티 디 레코아로

레 폰티 디 레코아로는 이탈리아 북부 롬바르디아 지역의 작은 마을 레코아로(Recoaro)에 위치한다. 이곳은 포도나무와 낮은 나무들이 부드러운 언덕을 뒤덮고 있어 바라보는 것만으로도 평화로움을 느낄 수 있는 전형적인 북부 시골 마을이다. 언덕 위에 성처럼 솟아 있는 레코아로의 폰티(Fonti, 샘, 분수, 원천을 의미)는 '잘 먹고 편안하게, 혹은 신나게 즐길 수 있는' 복합 공간으로, 레스토랑과 핏제리아, 뷰티숍과 클럽 등이 한곳에 모여 있다.

레코아로 폰티의 역사는 1853년으로 거슬러 올라간다. 고대부터 이뇨와 배변 촉진에 효과가 있다고 알려진 유황, 마그네시아 미네랄수가 활성화되면서 명성을 얻었다. 이후 여러 소유주를 거치며 변화를 겪었지만, 1999년 새로운 소유주가 멀티 문화 공간으로 재편해 예전의 아름다움과 명성을 되찾고자 노력했고, 그 결과 오늘의 모습을 갖추게 되었다.

이곳에서 가장 돋보이는 것은 쉴 새 없이 구워져 나오는 화덕 핏자다. 반죽을 펴는 사람(스테소레, Stesore), 토핑을 올리는 사람(파르치토레, Farcitore), 화덕에 넣고 굽는 사람(포르나이오, Fornaio), 마지막 마무리를 하는 사람(핏자이올로, Pizzaiolo), 그리고 서빙하는 사람(카메리에레, Cameriere)까지 모두가 분업해 일하는 모습은 마치 핏자 공장을 방불케 한다. 그리고 참나무 장작 화덕에서 단숨에 구워져 나오는 핏자는 북적이는 손님들을 단번에 만족시키기에 충분하다.

나폴리 핏자에 비해 더 반듯한 원형, 얇은 두께, 그리고 노우에 인테그랄 밀기루를 사용하는 것이 이곳만의 특징이다.

Le Fonti di Recoaro
Via per Recoaro 27043 Broni(PV)   Tel. +39 0385 250003

01. 이탈리아 핏자 알아보기

세계에서 가장 인기 있는 패스트푸드는 단연 핏자일 것이다. 나폴리 핏자는 1889년 왕실의 승인을 받은 뒤 오늘날까지 대중에게 사랑받는, 오랜 역사의 요리로 자리 잡았다. 사람들은 수 세기 동안 다양한 형태로 핏자를 즐겨왔다. 짭짤한 음식을 얹은 고대의 납작빵은 먼 길을 떠나는 이들에게 간단하면서도 맛있는 한 끼 식사가 되었고, 이러한 형태가 바로 오늘날의 핏자로 발전한 것이다.

핏자의 탄생

핏자가 탄생한 것은 18세기 후반 나폴리였다. 부르봉 왕조의 통치 시절, 나폴리는 유럽에서 가장 큰 도시 중 하나로 빠르게 성장하고 있었다. 해외 무역이 활발해지고 시골에서 농민이 꾸준히 유입되면서 인구는 급격히 늘어났다.

도시 경제의 발전 속도를 따라잡기 위해 사람들은 고군분투했지만, 점점 더 많은 이들이 빈곤에 빠졌다. 항상 일자리를 찾아 헤매던 이들에게는 저렴하고 간편하게 먹을 수 있는 음식이 필요했고, 핏자는 바로 이러한 필요를 충족시킨 음식이었다.

당시의 핏자는 지금처럼 복잡한 요리가 아니었다. 단순히 빵 조각에 가까웠다고 할 수 있다. 가장 기본적인 형태는 마늘, 라드, 소금만 올린 것이었으며, 이밖에도 카초카발로(Caciocavallo, 양젖 치즈), 체체니엘리(cecenielli, 실치), 바질을 얹은 핏자나 토마토를 얹은 핏자가 판매되었다.

왕실의 인증 '핏자 마르게리타'의 탄생

1870년 이탈리아 통일 이후 많은 것이 달라졌다. 1889년 나폴리를 방문한 움베르토 1세 국왕과 마르게리타 여왕은 아침, 점심, 저녁마다 제공되는 복잡한 프랑스 요리에 지쳐 있었다. 이때 여왕을 위해 지역 특산 요리를 준비하라는 요청을 받은 핏자이올로 라파엘레 에스포지토(Raffaele Esposito)는 아래 세 가지의 핏자를 만들었다.

① 라드, 카초카발로(Caciocavallo, 양젖 치즈), 바질을 넣은 핏자
② 체체니엘리(cecenielli, 실치)를 올린 핏자
③ 토마토, 모차렐라 치즈, 바질을 넣은 핏자

여왕은 매우 기뻐했고, 특히 세 번째 핏자는 여왕에게 헌정하는 의미로 '핏자 마르게리타(Pizza Margherita)'라는 이름을 붙였다.

이는 중요한 변화를 가져왔다. 서민의 음식이었던 핏자가 왕족이 즐기는 음식으로 격상되었을 뿐 아니라, 지역 음식을 넘어 대중이 즐기는 국민 음식으로 자리 잡게 된 것이다. 또한 핏자가 파스타와 함께 이탈리아를 대표하는 음식으로 인식되기 시작한 것도 이때부터다.

그러나 핏자는 나폴리에서 천천히 퍼져 나갔다. 1930년대부터 점점 더 많은 나폴리 사람들이 일자리를 찾아 북부로 이주하면서 핏자 역시 북쪽으로 전해졌다. 이러한 흐름은 전쟁을 거치며 더욱 가속화되었다.

전쟁 이후 관광의 활성

1944년 연합군이 이탈리아를 침공했을 때, 그들은 캄파니아(나폴리가 속한 주)에서 맛본 핏자에 깊이 매료되어 핏자를 파는 곳이면 어디든 찾아갔다고 한다.

전쟁이 끝나고 관광이 점차 활성화되면서 핏자는 진정한 이탈리아 요리로서의 지위를 공고히 하기 시작했다. 관광객들이 이탈리아 음식에 점점 더 큰 호기심을 가지게 되자, 이탈리아 전역의 레스토랑은 핏자를 비롯한 다양한 지역 특산 요리를 제공하기 시작했다.

처음부터 여러 종류의 핏자를 판매한 것은 아니었으며, 모든 레스토랑에 핏자 오븐이 갖춰져 있던 것도 아니었다. 그럼에도 불구하고 핏자는 빠른 속도로 이탈리아 전역에 퍼져 나갔고, 각 지역의 취향이 반영되면서 새로운 재료들이 사용되기 시작했다. 이와 함께 가격도 점차 높아졌다.

핏자! 미국으로 가다

핏자의 두 번째 고향은 미국이라고 해도 전혀 어색하지 않다. 19세기 말, 이탈리아 이민자들이 이미 미국 동부 해안에 정착했고, 1905년에는 뉴욕시에 최초의 핏제리아인 롬바르디스(Lombardi's)가 문을 열었다.

핏자는 곧 미국의 전통으로 자리 잡기 시작했다. 도시화의 속도에 맞춰 미국 전역으로 퍼져 나갔고, 이제는 이탈리아인이 아닌 미국인들도 핏자 가게를 운영하며 핏자를 빠르게 받아들였다. 이 과정에서 지역적 취향, 정체성, 소비자 수요가 반영된 미국식 핏자가 탄생했다.

1950년대 이후 미국에서 경제와 기술 변화가 빨라지면서 핏자는 급격히 변모했다. 그중 특히 주목할 만한 변화는 두 가지다.

첫째, 핏자의 '가정화'다. 소득 증가와 함께 냉장고와 냉동고가 보급되면서 편의식 수요가 늘어났고, 이에 따라 냉동 핏자가 개발되었다.

둘째, 핏자의 '상업화'다. 자동차와 오토바이 보급으로 갓 조리한 음식을 고객의 집까지 배달할 수 있게 되었고, 핏자는 가장 빠르게 제공되는 음식 중 하나가 되었다. 1960년 톰과 제임스 모나한이 미시간에서 '도미닉스(Dominick's)'를 설립했고, 빠른 배송으로 명성을 얻은 뒤 회사 이름을 '도미노(Domino's)'로 바꾸어 전국으로 사업을 확장했다. 이들은 해외로도 진출해 오늘날 전 세계 어느 도시에서나 쉽게 볼 수 있는 브랜드가 되었다.

한국에서도 6·25 전쟁 이후 미국 문화를 빠르게 받아들이면서 핏자가 소개되었다. 미8군을 통해 들어온 크고 도톰하며 짭짤한 미국식 핏자는 1980년대 호텔 문화와 함께 인기를 끌었다. 아이러니하게도 나폴리 전통 핏자보다 미국에서 미국화된 핏자가 먼저 한국 대중에게 사랑받은 것이다.

그러나 1990년 이후 화덕으로 굽는 핏제리아가 하나둘 등장했고, 2000년대부터 화덕 핏자가 본격적으로 인기를 얻었다. 오늘날 한국의 핏자 문화는 화덕 핏자가 중심이며, 여기에 더해 현대적인 감각의 컨템포러리(contemporary) 핏자까지 사랑받고 있다.

02. 이탈리아를 대표하는 핏자 협회 'AVPN'에서 규정하는 나폴리 핏자의 정의

나폴리시의 공식 나폴리 핏자 인증 기관 AVPN

AVPN (Associazione Verace Pizza Napoletana)
- 나폴리 핏자의 정통성 보호

www.pizzanapoletana.org

1984년 나폴리에서 설립된 비영리 단체로, 전통적인 나폴리 핏자의 정체성을 보호하고 정통 레시피와 제작 방법을 규정하는 역할을 하는 공식 기관이다.

이들의 주요 활동은 다음과 같다.

- '진정한 나폴리 핏자(Verace Pizza Napoletana)'를 정의하는 공식 규정을 수립한다.

- 특정 핏제리아(업체)에 '정통 나폴리 핏자' 인증을 부여하며, 인증을 받은 핏제리아는 AVPN의 공식 로고를 사용할 수 있다. 이 기관은 *유일한 인증 기관*이다.

- 나폴리 핏자 문화를 홍보하고 국제 협력을 추진한다. 세계적인 핏자 대회와 워크숍을 개최하고, 전 세계에서 나폴리 핏자 교육 프로그램을 운영한다.

비영리 단체들

① API (Associazione Pizzerie Italiane) - 이탈리아 전역 핏자 스타일 홍보

www.associazione
pizzerieitaliane.it

1989년 로마에서 설립된 비영리 단체로, 핏자이올로에게 지속적인 지원과 교육을 제공해 전문성을 높이고, 핏자 산업의 전반적인 발전을 도모하는 것을 목표로 하고 있다.

이들의 주요 활동은 다음과 같다.

- 핏자이올로가 직면하는 다양한 업무상의 문제에 대한 지원과 해결책을 제공한다.
- 교육 프로그램을 운영한다. 약 30년 전 '스쿠올라 나치오날레 디 핏자(Scuola Nazionale di Pizza)'를 설립해 현재까지 운영하고 있다. [1]
- 핏자이올로와 핏제리아 네트워크를 형성하고, 국제적으로 핏자 문화를 홍보한다.

[1] 에스쿠올라 나치오날레 디 핏자(Scuola Nazionale di Pizza, 로마의 국립 핏자 학교)는 API가 설립한 공식 교육 기관으로, 핏자이올로 양성을 위한 전문 교육 프로그램을 제공한다. 초보자를 위한 기본 과정부터 숙련자를 위한 심화 과정까지 운영하며, 핏자 반죽과 토핑, 화덕 사용법, 전통 및 현대적인 핏자 기술을 체계적으로 교육한다.

② PIA (Pizza Italian Academy) - 핏자 교육 기관

www.pizzaitalianacademy.com

최근에 설립된 국제 교육 기관으로, 전 세계에서 다양한 스타일의 핏자를 교육하며 핏자이올로를 양성하는 역할을 하고 있다.

이들의 주요 활동은 다음과 같다.

- 정통 나폴리 핏자, 로마식 핏자, 뉴욕 스타일 등 다양한 핏자 스타일을 가르치는 핏자이올로 교육을 진행한다.
- 교육 과정을 이수한 사람들에게 공식 인증서를 발급한다.
- 해외 지점을 운영한다. 이탈리아뿐만 아니라 여러 나라에서 교육 센터를 세워 국제적으로 활동하며, 핏자이올로 네트워크를 형성한다.
- 각종 핏자 대회와 이벤트에 참여한다.

③ APN (Associazione Pizzaiuoli Napoletani) - 나폴리 핏자이올로(핏자 장인) 협회

2003년 나폴리에서 설립된 국제 비영리 단체로, 나폴리 핏자 전통을 보호하고 핏자이올로를 교육하는 조직이다. 국제 협력과 홍보 측면에서도 AVPN과 유사한 활동을 한다.

이들의 주요 활동은 다음과 같다.

- 나폴리 핏자이올로 협회(APN)는 전통적인 나폴리 핏자 제조 기술을 가르치는 공식 교육 기관 중 하나로, 핏자이올로들이 정식 교육 과정을 통해 나폴리식 핏자 제작 기술을 배울 수 있도록 한다.
- 나폴리 핏자의 전통을 보호하기 위해 국내외에서 활발히 활동한다.
- 세계 각국에서 나폴리 핏자 대회와 워크숍을 개최하고, 나폴리 핏자이올로들의 국제 네트워크를 구축한다.

나폴리 핏자 관련 주요 기관들의 특징

나폴리 핏자의 전통을 지키고 확산하는 데에는 여러 기관이 중심적인 역할을 하고 있다. AVPN은 나폴리시와 협력하여 정통 나폴리 핏자의 레시피와 전통을 보호하며, 전 세계 핏제리아 인증 제도를 운영한다. 한편 APN은 핏자이올로, 즉 핏자 장인의 기술 훈련과 네트워크 지원에 주력하는 협회로, 장인 개인의 역량 강화를 목표로 한다. 마지막으로 PIA는 핏자 제작 교육과 핏자이올로 양성에 특화된 교육 기관으로, 새로운 세대의 장인을 길러내는 데 집중하고 있다.

약어	정식 명칭	설립연도	설립자
AVPN	Associazione Verace Pizza Napoletana	1984	Antonio Pace와 나폴리 핏자 장인들에 의해 창립
APN	Associazione Pizzaiuoli Napoletani	2003	Sergio Miccu'
API	Associazione Pizzerie Italiane	1989	로마에서 창립 (로마 기반 단체)
PIA	Pizza Italian Academy	2010	이탈리아 (국제적 조직)

④ Scuola Italiana Pizzaioli - 이탈리아 핏자이올로 학교

www.scuolaitalianapizzaioli.it

이 학교는 핏자 세계의 미래 전문가를 양성하기 위해 1988년 베니스 지방에서 설립되었다. 강사의 교육 과정을 인증하고 국내 및 전 세계적으로 전문 교육을 전담하는 장비와 강의실 그리고 실험실을 갖춘 유일한 학교다. 학교의 교육 프로그램은 핏자 세계의 교육 환경에서 가장 완벽하다. 1단계 전문 핏자 메이커 과정부터 전문가를 위한 고급 교육까지, 핏제리아의 지속 가능성에서부터 새로운 트렌드에 이르기까지 미래의 핏자 메이커를 교육하기 위한 기술과 지식을 공유한다.

또한 아마추어 세계를 대상으로 하는 기술 또는 관리 컨설팅, 팀 빌딩, 이벤트 및 활동을 수행하며 파트너와 긴밀히 협력하여 회사 간 네트워킹의 가치도 제공한다.

주요 목표와 특징	핏자 스타일	대상	비고
통 나폴리 핏자(Verace Pizza poletana)의 기준과 전통을 호하고 인증	나폴리 핏자	핏제리아 인증 및 핏자이올로 교육	레시피 및 기술적인 측면에서 엄격한 기준으로 '정통 나폴리 핏자'를 보호하고, 나폴리 핏자 가게를 인증하는 기관
폴리 핏자이올로를 위한 교육 및 트워크 형성	나폴리 핏자	핏자이올로(개인)	핏자 가게가 아니라 핏자이올로(개인)를 교육하는 단체
탈리아 전역의 다양한 핏자 스타일 지원 및 홍보(이탈리아 핏자 산업 계의 발전과 핏자이올로 지원)	이탈리아 전통 핏자	핏자이올로(개인) 및 핏자 가게(업체)	특정 핏자 스타일(ex. 나폴리 핏자)에 국한되지 않고, 이탈리아 핏자 전체를 다루는 단체, Scuola Nazionale di Pizza 운영, 지역에 따라 다양한 모든 핏자 스타일 지원
이올로 교육 및 체 인증 프로그램 운영 (O9001 국제 품질 인증 획득)	모든 스타일의 핏자	핏자이올로(개인) 및 교육생	국제적인 핏자 교육 기관으로 특정 스타일이 아닌 다양한 핏자 유형을 교육

03. 이탈리아 정통 나폴리 핏자의 구조

① 진정한 나폴리 핏자의 고유 제품(마리나라, 마르게리타)

진정한 나폴리 핏자(Verace Pizza Napoletana)의 고유 제품은 아래의 두 가지로 명하고 제한한다.

마리나라 핏자
pizza marinara

- 토마토
- 올리브오일
- 오레가노
- 마늘

마르게리타 핏자
pizza margherita

- 토마토
- 올리브오일
- 모차렐라 또는 피오르 디 라테
- 치즈 간 것과 바질

이 두 가지 핏자는 만드는 방법, 최종 제품, 그리고 1차 재료의 관능적·상품학적 특징이 규정된 사항을 충족해야 하며, 조리 과정과 굽는 방식 또한 정해진 규정을 따라야 한다. 다음 페이지의 내용을 참고한다.

② 진정한 나폴리 핏자(Verace pizza napoletana)의 정의

아래의 내용은 1984년 6월 14일 쓰여진 '진정한 나폴리 핏자 협회(Associazione Verace Pizza Napoletana)'의 첫 규율로 만드는 방법, 최종 제품과 1차 재료들의 감각기관적, 상품학적 특징들이 정해진 사항들로 지켜진 것이어야 하며, 조리 과정과 익힘에도 정해진 사항들을 지켜야 한다.

- 진정한 나폴리 핏자는 화덕(오븐)에 구워진 둥근 제품이어야 한다.
- 진정한 나폴리 핏자는 부드럽고, 쫄깃하며 소책자처럼 쉽게 접혀야 한다.
- 지름의 크기는 다양할 수 있으나 35cm를 넘지 않아야 한다.
- 도우 가장자리는 액자처럼 올라오고, 중앙 부분은 양념들로 덮여 있어야 한다.
- 도우 가장자리의 두께는 1~2cm로 일정한 모양으로 기포 없이 부풀어지고, 타지 않아야 하며 금빛 색을 띠어야 한다.
- 도우 가장자리는 잘 부풀어지고 잘 구워진 전형적인 빵의 맛을 가져야 하고, 여기에 과량의 수분이 건조되어 농도가 짙은 토마토의 신맛과 오레가노, 마늘 또는 바질의 향 그리고 익은 모차렐라의 맛들이 어우러져야 한다.
- 도우 안쪽의 두께는 0.4cm이며, 허용 오차 범위는 ±10%이다.
- 양념은 올리브오일과 어우러진 토마토의 선명한 붉은빛을 중심으로, 사용되는 재료에 따라 오레가노의 짙은 초록색, 마늘의 흰색, 그리고 모차렐라 조각의 흰색이 어우러진다. 여기에 바질잎이 더해지면, 구워지는 과정에서 색이 조금 어두워지며 또 다른 조화를 만든다.

- 나폴리에서는 이것을 '핏자'라고 부른다.
- 나폴리 핏자의 가장자리는 '코르니초네(Cornicione)' 혹은 '보르도(Bordo)'라고 한다. 이 부분은 화덕의 480℃ 고열에 의해 '까만 공기 방울'처럼 자연스럽게 그을리며, 이것이 나폴리 핏자의 특징이다.
- 나폴리 핏자는 화덕 내부 바닥 온도 430℃, 대류 열의 온도 480℃에서 60~90초 사이에 구워져야 한다.
- 나폴리 화덕 핏자는 참나무, 가스, 전기 열원을 통해 구워진다.

  참나무 : 1870년대 핏자가 탄생했을 당시에는 전기가 없었기 때문에 장작을 사용했다.

  전기 : 전기가 보급되고 전기 오븐이 개발되면서 데크 오븐, 컨베이어 벨트 등 전기 열원을 사용하게 되었다.

  가스 : 가스 보급 이후 장작 대신 사용하기 편리한 열원으로 활용되었다.

※ 나폴리 핏자 인증 기관인 나폴리 핏자 협회(AVPN)는 사용 열원에 따라 인증 평가를 실시한다.

③ 최상의 나폴리 핏자를 만들기 위한 재료와 온도

화덕에서 구운 핏자는 다음의 특징들을 가져야 한다.

❶ 수분이 적당하게 증발한 토마토 소스는 농도가 짙은 질감을 가져야 한다.

❷ 캄파니아주의 모차렐라 부팔라(DOP 등급)나 모차렐라(STG), 또는 아펜니니 산맥 남쪽에서 생산되는 피오르 디 라테(fior di latte Appennino meridionale)는 핏자 위에서 녹아 있어야 한다.

❸ 마늘, 오레가노, 바질은 타지 않은 외관으로 강한 아로마를 풍겨야 한다.

화덕 안의 온도	약 430 °C
화덕 천장의 온도	약 485 °C
익힘 시간	60-90초
반죽에 달하는 온도	60 - 65 °C
토마토에 달하는 온도	75 - 80 °C
모차렐라에 도달하는 온도	65 - 70 °C
올리브오일에 달하는 온도	75 - 85 °C

04. 나폴리 핏자의 영양학적 가치

나폴리 핏자를 대표하는 마리나라와 마르게리타는 영양적 가치에서 뚜렷한 차이를 보인다. 핏자 마리나라(Pizza marinara, 반죽 200g 기준)의 열량은 약 500kcal인 반면, 핏자 마르게리타(Pizza margherita, 반죽 200g 기준)는 약 700kcal에 달한다. 특히 캄파니아 지역의 물소 젖으로 만든 모차렐라를 사용할 경우 열량은 800kcal까지 높아진다.

이 차이는 치즈 사용 여부에서 비롯된다. 두 핏자의 기본 재료인 밀가루, 올리브오일, 토마토는 동일하지만, 마르게리타에는 피오르 디 라테나 모차렐라 치즈가 더해져 칼로리와 영양 성분에 큰 차이를 만든다.

탄수화물은 밀가루의 양이 비슷하기 때문에 두 핏자 모두 유사하다. 그러나 단백질 함량은 마리나라가 약 12g인 반면, 마르게리타는 치즈가 첨가되면서 29g까지 증가한다. 지방 함량 역시 마리나라가 7~8g 정도인데 비해, 마르게리타는 21~22g으로 크게 높아진다.

또한 두 핏자 모두 올리브오일 사용으로 다중 불포화 지방산을 포함한다는 공통점을 가진다. 이는 지중해 식단의 전형적인 특징으로, 실제 올리브오일의 양과 형태에 따라 그 함량이 달라질 수 있다.

나폴리 핏자의 칼로리 함유량과 배분

200g 반죽으로 만든 핏자 1개 기준

영양	마리나라	마르게리타
열량	500 kcal	700 kcal
탄수화물	62 g	62 g
단백질	12 g	29 g
지방	8 g	22 g

05. 현대의 컨템포러리(까노또) 핏자

컨템포러리 핏자(일명 까노또 핏자)는 나폴리 핏자의 본고장인 캄파니아주 카세르타(Caserta)에서 전통 나폴리 핏자의 대안으로 주목받기 시작했다.

이 핏자는 전형적인 나폴리 핏자처럼 둥글지만, 지름이 더 작고 바닥이 낮으며 가장자리(Cornicione, 코르니초네)가 뚜렷하다. 식감은 바삭하고 가벼우면서도 촉촉하며, 내부는 발효 제품 특유의 벌집 모양 구멍이 선명하게 드러난다.

발효 시간이 긴 비가(biga) 반죽을 사용하고, 반죽을 접어(폴딩 과정) 공기를 내부로 밀어 넣어 특별한 질감과 맛을 낸다. 따라서 발효와 숙성에 대한 깊은 지식이 필요하며, 기다림과 정성, 그리고 높은 기술력이 요구된다.

이 핏자의 유일한 단점은 크기다. 지름 25cm 내외로 일반적인 나폴리 핏자보다 작다.

벌집 모양의 기공

이탈리아식 사전 반죽인 비가(biga)로만 만들어진 반죽

거대한 코르니초네
나폴리 핏자에 비해 크기가 작고 둥근 모양을 가진다. 코르니초네가 거대하고 기공이 크며, 껍질은 가볍고 바삭하다.

소화 촉진
비가 반죽을 사용하고, 수분율이 높아 촉촉하면서 소화도 용이하다.

PART 3

이탈리아 핏자를 구성하는 기본 재료들

PIZZA INGREDIENTS

01. 나폴리 핏자를 구성하는 재료의 순환도

밀가루
Farina di grano

지방
Grassi(G)

버터
엑스트라버진 올리브오일
스트루또 (strutto, 쇼트닝의 일종)

소금
밀가루 1kg당
소금 1.5~3%(15~30g)

넣을 수 있는 다른 재료들
Altri(A)

베이킹파우더 / 야채 / 치즈
우유 / 꿀 / 살루미 / 달걀 / 와인 / 설탕

효모(이스트)가 들어가지 않

지방 없이 직화로 익힌 제품
sul fuoco
(senza aggiunta di grassi)

피아디나 (piadina)

지방 없이 오븐팬에 익힌 제품
al forno in teglie
(senza aggiunta di grassi)

파네 카라사우 (pane carasau)
스키아차타 (schiacciata)

효모(이스트)
Lievito di birra

맥주효모 (생이스트)
사워도우
인스턴트 드라이 이스트

지방과 함께 오븐팬에 익힌 제품
al forno in teglie
(con l'aggiunta di grassi farinata)

- 포카치아 디 레꼬 (Focaccia di Recco)
- 감자 핏자 (Pizza alle Patate)

지방 없이 직화로 익힌 제품
sul fuoco
(senza aggiunta di grassi)

- 피아디나 모데르나 (piadina moderna)
- 티젤레 (tigelle)

지방을 첨가한 팬을 이용해 화덕 또는 오븐에 구운 제품
al forno in teglie
(con l'aggiunta di grassi farinata)

- 포카치아 제노베세 (focaccia genovese)
- 포카치아 풀리에세 (focaccia pugliese)
- 핏자 아브루체세 (pizza abruzzese)
- 스핀초네 (sfincione)

지방과 함께 화덕 또는 오븐에 구운 제품
al forno in teglie
(con l'aggiunta di grassi farinata)

- 나폴리 핏자
- 칼초네
- 컨템포러리 핏자

튀김
Fritte (in olio o strutto)

- 칼존치니 (calzoncini)
- 뇨코 (gnocco)
- 판체로티 (panzerotti)
- 티젤레 프리테 (tigelle fritte)

02. 밀가루

① 국내산 밀가루와 이탈리아산 밀가루의 차이

일꾸오꼬알마 이탈리아 요리 학교에서 나폴리 화덕 핏자를 강의할 때 가장 많이 듣는 질문 중 하나다. 이탈리아산 밀가루의 특징을 이해하기 위한 과정은 조금 복잡하다. 일단 밀의 제분 방식이 다르며 이에 따라 구분하는 방법도 다르기 때문이다.

국내산 밀가루

미국과 일본처럼 단백질 함량의 기준이 되어 단백질이 많이 함유된 제품 순서에 의해 강력분(11~12%), 중력분(10~11%), 박력분(9~10%)으로 구분된다.

아울러 국내 밀가루 회사들은 통밀을 캐나다에서 수입해 국내에서 제분하여 표백한 후 단백질 함량에 따라 강력분, 중력분, 박력분으로 나눈다.
물론 이 외에도 다양한 용도에 맞게 출시되는 제품도 있다. 국내산 밀가루 중 '핏자용 밀가루'도 이미 오래 전부터 시판되고 있는 제품 중 하나다.

이탈리아산 밀가루

국내산처럼 단백질 함량으로 밀가루를 구분하지 않는다는 점이 가장 큰 차이점이라 할 수 있다. 중요한 것은 회분 함량을 기준으로 구분한다는 것인데, 회분 함량이 가장 적은 밀가루가 가장 곱게 제분된 밀가루이며, 회분 함량이 높아질수록 밀가루의 제분 상태는 더 거칠다.

국내산   이탈리아산

> * 이 책에서 사용한 강력분은 크게 두 종류다. W380 타입은 안티모 카푸토 마니토바 밀가루를, W260~300 범위의 강력분은 삼양 큐원 강력분을 사용했다.

② 이탈리아산 밀가루의 분쇄 공정

저장고에 보관된 밀은 제분 공정의 첫 단계로 들어간다. 이때 줄 홈이 파여 있는 두 개의 스테인리스 롤러가 서로 반대 방향으로 회전하면서, 그 사이로 들어간 밀을 눌러 부수게 된다.

⬇

이어서 굵은 파편인 밀기울은 진동 체로 떨어지고, 이 과정에서 걸러진 밀기울과 섞인 어느 정도 굵은 밀가루 입자는 다음 단계로 보내진다. 이 과정을 '체 치기'라 한다.

⬇

이후 과정은 같은 방식으로 반복되는데, 롤은 점차 간격이 좁아지고 체는 점점 더 촘촘한 것을 사용한다.

⬇

마지막에는 재빻기 과정을 거쳐 여러 등급의 밀가루가 얻어진다. 이렇게 해서 굵은 입자의 2타입, 고운 1타입, 매우 고운 0타입, 그리고 가장 고운 00타입의 밀가루가 생산된다.

③ 분쇄 상태에 따른 밀가루의 분류

회분 함량이 높을수록 밀가루의 제분 상태는 굵다. 이탈리아 밀가루는 회분 함량, 밀가루 Tipo(타입), 단백질 함량에 따라 분류한다.

밀가루 종류	회분 함량 %
Tipo 00	0.55 %
Tipo 0	0.65 %
Tipo 1	0.80 %
Tipo 2	0.95 %
Integrale	1.40~1.60 %

단백질 함량은 '힘(W)'으로 표시하며, Tipo 0(0타입)은 일반적으로 3가지 종류가 있다.

> Tipo 0, W100~130, 단백질 함량 9~10.5%
> Tipo 0, W130~200, 단백질 함량 10~11%
> Tipo 0, W170~250, 단백질 함량 11~12%

이렇듯 Tipo 0만 해도 3종류의 힘을 지닌 밀가루가 있으므로, 카테고리 타입마다 3가지씩만 있다고 해도 밀가루의 종류는 정말 많을 것이다. 이렇게 많은 종류의 밀가루를 가지고 있는 만큼, 핏자를 만드는 전문가들은 어떤 핏자를 만들지에 따라 밀가루를 다르게 선택해야 한다.

예를 들어, 오늘 반죽을 만들어 오늘 또는 내일 사용한다면(2일 정도에 반죽을 모두 소비한다면) 회분 함량이 높은 밀가루를 사용해도 반죽이 쉽게 처지거나 퍼지지 않을 것이다. 하지만 반죽에 장시간 발효 후 사용하는 비가(Biga)를 넣거나, 반죽 자체적으로 긴 숙성 시간을 필요로 한다면 회분 함량이 가장 적은 등급의 밀가루를 사용해야 좋은 반죽 상태를 유지할 수 있을 것이다.

밀가루의 회분 함량은 밀가루의 등급을 결정한다. 그렇다면 국내산과 이탈리아산 중 어떤 것이 좋은 밀가루일까?

국내산 밀가루의 등급 기준과 회분 함량

구분	강력분		중력분		박력분	
	1등급	2등급	1등급	2등급	1등급	2등급
수분(%)	15.0 이하	14.5 이하	15.0 이하	14.5 이하	14.0 이하	13.5 이하
단백질(%)	10.5 이상	11.0 이상	9.5 이상	10.0 이상	8.0 이하	8.5 이하
회분(%)	0.45 이하	0.65 이하	0.45 이하	0.65 이하	0.40 이하	0.60 이하

이탈리아산 밀가루의 경우 00타입의 회분 함량은 0.50 이상이며, 0타입의 경우는 0.60이 넘는다. 따라서 회분 함량을 기준으로 했을 때 밀가루의 등급은 국내산 밀가루가 더 좋다는 것을 알 수 있다.

④ 회분

회분은 연소된 후 잔류되는 물질로, 흔히 '태운 후 남는 재'라고 표현한다. 따라서 회분이 많으면 많을수록 반죽에서는 방해 요소가 될 수 있다. 특히 숙성이 필요한 반죽의 경우 신축성(L)을 오래 유지하지 못해 반죽이 쉽게 힘을 잃을 수 있다.

따라서 숙성이 필요한 나폴리 핏자와 컨템포러리 핏자는 회분 함량이 가장 낮은 1등급을 사용하거나, 단백질 함량이 매우 높은 밀가루를 사용해야 한다.

⑤ 밀가루의 힘

요즘은 분석 기구들을 이용하여 밀가루의 질을 결정짓고 분류할 수 있다. 가장 많이 사용되는 기구 중 하나로 '쇼팡의 알베오그래프alveografodi Chopin'가 있는데 이로 작은 반죽을 중간중간 부풀어 터질 때까지 W, P, L의 수치를 분석한다.

W : 반죽이 달할 수 있는 부피나 area dell'alveogramma로 제빵 가능 정도를 나타낸다.
P : 반죽의 당김에 대한 저항력 정도(강도)
L : 팽창력(신축성)

W, P, L는 서로 밀접한 연관성이 있으며 서로 의존적 특성을 가진다. 밀가루의 힘은 거의 전적으로 단백질에 의해 결정되는데, 특히 단백질의 글리아딘과 글루테닌의 모양에 의해 결정된다. 물과 밀가루가 만나 반죽의 상태로 진행되면 이 단백질들은 글루텐 형성을 하게 되어 글루텐망을 갖게 된다. 글루텐망은 힘(W)을 결정짓는 두 단백질(글리아딘과 글루테닌)의 총 양과 각각의 양에 따라 다양해진다.

실제로 **글리아딘의 양이 많으면 '팽창력(estensibilita, (L))'이 높아지고**, 반대로 **글루테닌의 양이 많으면 반죽의 '저항력 정도(tenacia(P))'가 높아진다. P와 L의 관계는 '탄력성(elasticita)'이 결정**짓는다.

핏자를 만들 때, 00타입 또는 0타입 밀가루만을 사용해야 한다. 00타입 밀가루는 매우 곱게 제분된 형태로 무기질 함량이 낮아 발효와 숙성과정에서 좋은 맛을 이끌어 내며 성형과 도우를 펼치는 작업에 적합하게 반죽된다.

핏자에 가장 적합한 00타입 규격의 밀가루 안에서는 밀가루의 품질은 W라는 지수로 측정되어 더 세분화된다. 몰리노 스파도니(Molino Spadoni)는 각각의 밀가루가 생산 될 때마다 W지수를 측정하여 각 제품에 표기하여 생산한 최초의 제분회사다. W지수는 밀가루의 글루텐의 품질 지표로 사용되어왔으며, W지수가 높을수록 강한 밀가루다.

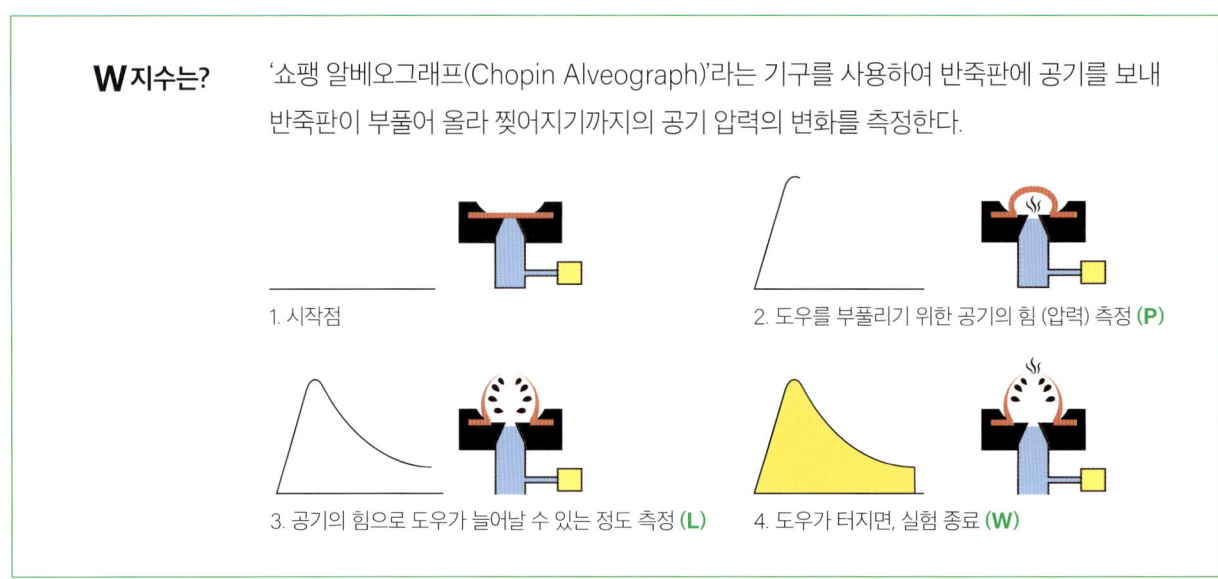

쇼팽 알베오그래프로 측정된 수치는 다음과 같은 그래프를 표시한다.

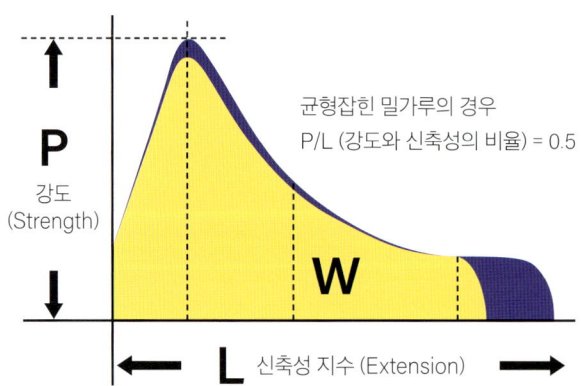

W120 ~ 170	비스켓, 크래커, 웨이퍼를 만들기에 적합. 핏자를 만들기에는 적합하지 않음
W230 ~ 260	균형잡힌 밀가루, 좋은 핏자 도우를 만들기에 적합하고, 발효 시간이 짧은 직접법 도우용으로 적합
W280 ~ 330	강한 밀가루로 긴 숙성 시간, 간접법 도우용으로 적합

컨템포러리 핏자처럼 긴 발효 및 숙성 시간을 요구하는 도우는 발효 과정에서 발생되는 이산화탄소를 더 효과적으로 활용하기 위해 높은 W지수를 가진 강한 밀가루를 사용해야 한다.

⑥ 밀가루의 화학적 구성

탄수화물(전분) 64~74% + 단백질 9~15% + 효소 + 무기질	
단백질의 종류	• 수용성 단백질 15% : 글로불린, 알부민
	• 비수용성 단백질 85% : 글루테닌, 글리아딘
	* 글루테닌(glutenin) 반죽을 강하고 탄성이 있게 만든다.
	* 글리아딘(gliadin) 반죽의 신축성을 결정한다.

⑦ 글루텐

글루테닌과 글리아딘이 물(H_2O)을 만나 서로 결합하여 글루텐이라는 탄성을 가진 글루텐 막을 형성한다. 발효 과정 중 글루텐은 1~1.5배의 물을 흡수하여 효모에 의해 발생되는 이산화탄소(CO_2)를 가둬놓는 역할을 한다. 즉, 강한 성질의 글루텐일수록 많은 이산화탄소를 가둬 놓을 수 있다. 글루텐 성질의 강도는 'W'라는 수치로 측정한다.

⑧ 핏자용 밀가루
(연질 밀가루 00 타입)

* AVPN 밀가루 규정 참조

연질 밀이 제분되고 정제된 핏자용 밀가루는 검은 점들이 없이 흰색인 것이 특징이다. 연질 밀가루 0타입(마니토바)의 소량 첨가(5~최대 20%까지, 외부 온도의 반응에 따라 첨가)가 허용되는데, 이는 연질 밀가루 00를 강화하기 위한 목적이다.

신장력과 탄력성이 좋은 반죽을 얻기 위해 오래 발효시킨 반죽의 최상의 가치들

지표	의미	최상의 수치
P/L (탄력성 비율)	저항력(P)과 신장력(L)의 균형	0.50~0.70
W (강도)	밀가루의 전체적인 힘, 글루텐 네트워크 강도	220~380
P (저항력)	반죽이 늘어나는 것을 버티는 힘, 탄탄함	220~380
흡수력	물을 흡수하는 능력	55~62%
안정성	반죽이 일정한 힘을 유지하는 시간	4~12분
E10 (떨어짐 지수)	10분 후 힘의 감소 정도	최대 60
드라이 글루텐	건조 글루텐 함량	9.5~11%
단백질	단백질 함량	11~12.5%

위의 가치들은 중간의 강도를 가진 균형 잡힌 밀가루들의 전형적인 특징들로 제빵 작업 시 좋은 결과를 가져다 준다.

추천: 밀가루는 신장력과 탄력성이 좋은 반죽을 얻기 위해 최상의 가치를 지닌 연질 밀가루 00를 선택해야 하며, W(강도)는 220~380, 단백질 함량은 11~12.5%면 좋다.

밀가루의 힘	
W80~W200까지 (박력분)	비스켓, 그리시니, 제과용 밀가루로, 무게의 약 50%의 수분을 흡수한다.
W200~W260까지 (중력분)	중간 정도의 수분(또는 다른 액체)을 필요로 하는 반죽에 적합한 밀가루로 바게트, 올리브오일 빵, 그리고 일부 핏자에 사용된다. 이 밀가루는 자기 무게의 약 55~65%의 물을 흡수할 수 있으며, 핏제리아에서 가장 보편적으로 쓰이는 밀가루이기도 하다.
W280~W350까지 (강력분)	바바, 브리오슈, 자연 발효 제과와 핏자들처럼 많은 양의 물(또는 다른 액체들)을 필요로 하는 발효시킨 반죽에 사용하는 밀가루이다.
W350 이상 (특수 밀가루)	미국, 캐나다(마니토마Manitoba와 같이)처럼 특별 밀로 만든 밀가루 제품으로 약분에 힘을 주기 위해 사용하거나 특별한 빵들을 만드는 데 사용되는 밀가루이다. 자기 무게의 약 90%의 수분을 흡수한다.
N.D.R.	앞서 언급했듯 W의 가치는 시중에 판매되는 포장지에는 표시되어 있지 않다. 하지만 밀가루들의 힘이나 오감적 특성들을 알기를 원하는 이들은 모든 가치들이 나와 있는 기술표를 밀가루 생산자나 유통업자에게 요청할 수 있다.

⑨ 덧가루로 사용하는 밀가루

핏자 반죽 외에도 반죽 표면에 덧가루로 사용하는 밀가루는 매우 중요하다.

나폴리 전통 핏자(클래식 방식)를 만들 때 사용하는 덧가루는 밀가루만 허용된다(AVPN 규정). 허용되는 밀가루는 00타입 또는 0타입이다.

한국에서는 클래식 핏자를 만들 때 세몰리나(semolina)를 덧가루로 사용하는 경우가 많다. 그러나 이는 AVPN 규정에 따르면 올바른 방법이 아니다.

반면 컨템포러리 반죽에서는 세몰라 리마치나타(Semola Rimacinata), 즉 '한 번 더 제분한 세몰라 가루(일명 세몰리나)'를 사용해야 한다. 그 이유는 고수분 반죽이기 때문에 세몰라를 사용해야 반죽이 달라붙지 않아 빠르고 손쉽게 다룰 수 있기 때문이다. 컨템포러리 반죽은 AVPN 규정에 포함되지 않으므로 이 방식이 가능하다.

03. 물

물은 핏자 반죽의 주 재료 중 하나로 깨끗하고 탄산이 들어 있지 않은 물로 미생물, 기생충과 해로운 화학 요소들이 농축되지 않은 것이어야 한다. 물의 사용 온도는 20°~ 22°C, 경도는 중간 정도, pH는 6~7이 좋으며, 어떠한 냄새나 역한 냄새들을 가지지 않아야 한다.

물은 흐르는 영토가 가지는 다양성에 따라 무기염 및 여러 요소들도 다양하므로, 지역에 따른 다양한 화학적 성분이 있을 수 있다는 것을 명심하자.

물에 의한 반죽의 특성

❶ 핏자에 사용되는 이상적인 물은 약한 경수로 pH 5~6정도인데, 이 정도면 최상의 반죽 pH에 도달할 수 있기 때문이다.

❷ 경도가 너무 강한 물을 사용하는 것은 가스의 생산이 적어지고 효모의 활동을 감소시키며, 반죽의 글루텐망을 더 질기게 하여 발효 시간과 숙성 시간이 길어진다.

❸ 반대로 너무 연한 물을 사용하면 끈적하고 잘 붙는 반죽이 되고, 탄력과 확장력을 잃게 된다.

❹ 물의 양이 너무 적으면 반죽들은 갈라질 수 있고 이가 지나치면 제품에 해가 된다.

❺ pH는 서로 상반되는 재료인 소금과 효모의 첨가로 인해 영향을 받는다. 반죽은 효모들과 효소들의 적절한 활동을 위해 pH 5~6 사이여야 한다는 것을 명심하자.

❻ 온도 또한 발효 속도에 영향을 끼치기에 중요하다. 너무 차가운 물은, 특히 겨울인 경우 발효를 늦추게 되고 공 모양의 반죽들을 단단하게 하여 익혀지면 평평하고 딱딱하게 된다. 반대로 물이 너무 따뜻하거나 미지근하면 숙성의 속도가 너무 빨라지고 글루텐망이 손상되면서 반죽의 탄력성을 잃게 된다.

❼ 겨울에는 평균 20°C의 온도로 유지해야 하고, 여름에는 평균 16°C의 온도로 유지하는 것이 이상적이다.

04. 소금

소금은 염도 99.9%의 조리용 고운 소금을 사용해야 한다. 조리용 소금을 사용한다면 소금의 염도는 언제나 정확한 맛에 도달할 것이다. 만약 조리용 소금이 아닌, 수분 함량이 상대적으로 높은 꽃소금 등의 다른 소금을 사용한다면 제품마다의 염도가 다르기 때문에 일정한 염도의 맛을 내는 것이 불가능해진다. 염도 99.9%의 한주소금을 추천한다.

반죽에서 소금의 역할

❶ 소금은 반죽과 발효에 있어 매우 중요한 요소다.

❷ 항균 작용을 통해 반죽이 산성화되는 것을 막고, 포도상구균과 같은 유해 박테리아의 증식을 억제한다.

❸ 글루텐망을 강화하기 때문에 어떤 면에서는 반죽의 발효와 숙성 속도를 늦추기도 한다.

❹ 소금은 반죽을 더욱 조밀하게 하고 끈적임을 줄이며, 남아 있는 아미노산과 환원당 사이의 화학 반응인 마이야르 반응(Maillard reaction)을 일으켜 노릇한 황금빛 색을 내게 한다.

❺ 바다 소금 가운데서도 특히 정제 소금이나 전문 장인이 만든 소금을 사용하면 더욱 좋다.

한주 소금

05. 효모

반죽에 사용하는 효모는 생이스트, 즉 맥주효모균(Saccharomyces cerevisiae, 사카로마이세스 세레비시아에)으로, 도우의 팽창을 돕는 필수적인 미생물이다. 효모는 온도 조건에 민감한데, 일반적으로 27℃에서 효모와 박테리아의 증식 균형이 유지되며, 빵 반죽은 27~28℃에서 발효할 때 가장 좋은 탄력을 얻고 구웠을 때 최상의 풍미를 낸다. 효모의 증식은 포도당(글루코스)과 산소가 결합할 때 일어나며, 출아법을 통해 번식한다. 반면 발효는 산소가 없는 상태에서 포도당을 분해하여 이산화탄소와 알코올을 만들어 내는 과정으로, 이때 발생하는 기체가 반죽을 부풀게 한다.

효모균의 증식이 과다할 때 (일반적인 예)

30℃ 이상의 높은 온도로 발효를 하게 되면 박테리아보다 효모균의 증식이 활발해져 빵의 크기는 빠르게 커지지만 풍미와 맛이 부족한 빵이 된다.

박테리아균의 증식이 과다할 때 (저온 숙성이 과할 때)

18~24℃의 다소 낮은 온도로 발효를 하게 되면 효모균의 활동보다 박테리의 활동이 더 커지게 된다. 이 경우의 빵은 숙성된 빵의 풍미는 있지만 크기가 커지지 않아(볼륨감이 없는 빵) 완성도가 떨어져 보이는 빵이 된다.

사용량

- 반죽법에 따라 사용량은 달라진다.
- 단기 숙성, 장기숙성에 따라 사용량은 달라진다.
- 온도나 계절에 따라 사용량은 달라진다.

이탈리아에서 핏자용으로 생산되는 생이스트
(맥주효모 Lievito di birra)

맥주 효모와 자연 효모

맥주 효모

맥주 효모는 '리에비토 디 비르라(lievito di birra)'라고 불리는데, 이는 맥주 양조 과정의 잔여물에서 발견되고 연구된 것에서 유래한다. 오늘날에는 주로 사탕무의 당밀로 생산된다. 그 구성 요소는 사카로마이세스 세레비시아에(Saccharomyces cerevisiae)와 단세포 진균류로, 출아(gemmazione) 방식으로 번식한 뒤 선별되어 우리가 잘 아는 형태로 압축된다.

- **장점** : 바로 사용할 수 있어 시간 절약이 된다.
- **단점** : 포함된 박테리아와 효모의 종류가 제한적이어서 풍미와 아로마가 부족하다.

자연 효모

자연 효모는 '리에비토 나투랄레(lievito naturale)' 또는 '파스타 마드레(pasta madre)'라고 하며, 물과 밀가루 반죽을 자연 발효시키거나 달콤한 식품을 첨가해 발효시킨 것이다. 이는 효모와 박테리아가 함께 배양되는 것을 의미한다. 맥주 효모와의 차이는 형태가 매우 다양하다는 점이다. 자연 효모는 정기적으로 물과 밀가루를 보충해 주어야 하며, 이는 마치 먹이를 주듯 재생시키는 과정이다. 공장에서 맥주 효모가 대량 생산되기 이전, 과거에 사용하던 이 기술은 오늘날에도 일부 제과 작업에서는 여전히 필수적으로 활용되고 있다. 자연 효모의 특징은 다음과 같다.

- **장점** : 대부분 소화가 쉽고 더 많은 아로마와 풍미를 제공한다.
- **단점** : 시간이 많이 들고 지속적으로 재생 작업을 해야 하므로 노동력이 필요하다.

필자의 경우 핏자를 만들 때 생이스트만을 사용하며, 이 책에서도 사진의 두 가지 제품을 사용했다. 국내에서 생산되는 생이스트는 오뚜기와 제니코라는 2개의 회사에서 생산된다. 제품의 유효기간은 약 1달 정도이며, 냉장고에서 보관하며 사용 가능하다.

06. 건조 사워도우

크리시토(criscito)

크리시토는 물과 0타입 연질 밀가루만으로 만든 건조 리에비토 마드레(Lievito madre; 엄마 효모, 건조 사워도우) 스타터이다. 권장량(밀가루 1000g당 30g)을 반죽에 첨가하면 반죽의 품질이 향상되며, 보관 기간, 작업성(신축성), 소화율, 풍미가 개선되고 차가운 상태에서도 특유의 바삭함을 유지한다.

크리시토는 활성 성분은 아니지만, 일반적으로 사용되는 효모의 양을 변화시키지 않고 기존 사워도우 스타터의 모든 이점을 반죽에 되살려준다.

* 위 제품에 대한 설명은 필자가 이탈리아 카푸토사에 직접 메일로 문의하여 얻은 정보다.

PART 4

이탈리아 핏자를 구성하는 양념 & 토핑 재료들

PIZZA SAUCES

01. 토마토

핏자에 사용하는 토마토 소스를 만드는 방법은 매우 간단하다. 이탈리아산 토마토 제품(통조림)을 구입해 간단히 양념을 하면 된다.

간혹 생토마토로 직접 신선하게 만들면 더 맛있고 좋은 소스를 얻을 수 있다고 생각하는 경우도 있다. 그러나 실제로 만들어보면 그렇지 않은 경우가 많다. 한국산 생토마토인 둥근 완숙 토마토나 방울토마토를 사용하면 두 가지 문제가 생긴다.

첫째, 색이 충분히 빨갛지 않다. 갈거나 다진 토마토는 대체로 분홍색이나 노란색 계열을 띤다.

둘째, 수분율이 지나치게 높다. 핏자 소스로 쓰려면 체에 거른 고운 즙 형태여야 하는데, 수분이 많아 적절한 농도를 얻기 어렵다.

결과적으로 색은 먹음직스럽지 않고, 수분은 너무 많아 핏자 소스로 적합하지 않다. 이러한 문제는 기후적 요인뿐만 아니라 품종의 차이에서도 비롯된다.

만약 국내에서 이탈리아 품종의 토마토를 구할 수 있다면 사용해도 좋다. 대표적인 품종은 다음과 같다.

산마르자노
(San Marzano)

코르바리노
(Corbarino)

피엔놀로
(Piennolo)

토마토 제품의 사용

핏자 소스에는 이탈리아산 토마토 제품을 사용하는 것이 원칙이다. 대표적인 품종으로는 길쭉한 모양의 로마 타입 홀 토마토가 있으며, 그중에서도 특히 산마르자노(San Marzano) 품종이 잘 알려져 있다. 산마르자노 토마토는 피아스켈라(Fiaschella)와 피아스코네(Fiascone) 지역에서 재배되는 두 가지 형태의 교배종으로, 다음과 같은 특징을 지닌다.

- 새콤달콤한 맛
- 선명한 붉은색
- 길쭉한 열매 모양
- 씨가 적고 과육과 섬유소가 많음
- 껍질이 잘 벗겨짐

이탈리아에서 생산된 토마토 품종으로 만든 통조림 제품은 크게 세 가지로 나뉜다.

❶ 토마토 홀 (whole tomato, pomodori pelati)

산마르자노 델 아그로 사르네세-노체리노(S. Marzano dell'Agro Sarnese-Nocerino D.O.P.) 통조림이 대표적이다. 길쭉한 모양의 로마 타입 토마토 통조림이나 신선한 토마토 사용도 허용된다. 토마토 홀 통조림은 물기를 가능한 한 제거한 뒤 손으로 으깨 균질화해 사용한다. AVPN에서는 홀 토마토만 사용하도록 규정한다.

❷ 토마토 찹 (finely chopped tomatoes, polpa di pomodoro)

현대에는 편리성과 높은 토마토 함량 덕분에 널리 사용된다.

❸ 토마토 퓌레 (tomato puree, passata di pomodoro)

토마토 홀 통조림이나 토마토 찹 통조림은 핸드 블렌더로 갈아 사용해야 하지만, 토마토 퓌레는 별도의 처리 없이 그대로 사용이 가능하다.

토마토 홀

토마토 찹

토마토 퓌레

핏자용 토마토 소스 레시피

핏자용 토마토 소스는 미리 끓이지 않는다. 신선한 맛과 향, 그리고 선명한 색감을 유지하기 위해서다. 평균 400℃ 이상의 고열에서 약 60초간 굽는 동안, 토마토 소스는 화덕 안에서 이미 충분히 가열되어 끓어오른다. 따라서 화덕에 들어가기 전에 끓일 필요가 없는 것이다.

재료 (약 2.5L, 핏자 30~40개 분량)
2.5kg짜리 토마토 홀 통조림 또는 토마토 찹 통조림 1개
소금 28g

* 바질은 소스에 넣기보다 핏자를 구울 때 올리는 것이 더 좋은 향을 낸다. 다만 원한다면 소스에 첨가해도 무방하다.

1. 큰 볼에 원하는 종류의 토마토 홀 통조림 또는 토마토 찹 통조림, 소금을 넣는다.

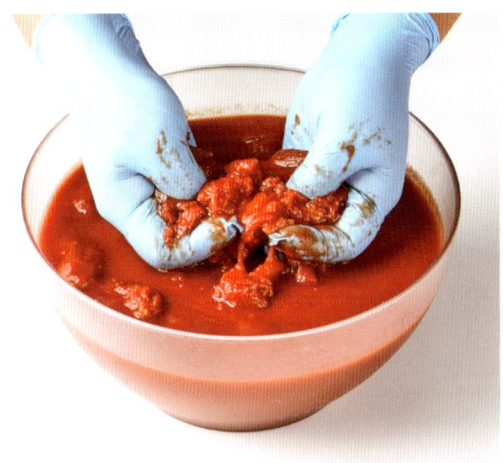 

2. 적은 양을 만들 때는 위생장갑을 끼고 손으로 주물러 균질한 작은 조각들로 만든다. 많은 양을 만들 때는 핸드블렌더를 이용해 원하는 입자로 균질하게 갈아준다.

3. 이렇게 완성된 토마토 소스는 매일 아침에 준비해 당일 소비하는 것이 가장 좋다.

02. 모차렐라와 기타 치즈들

모차렐라 치즈는 나폴리 핏자를 만드는 데 필수적인 재료이자 전 세계인이 가장 사랑하는 치즈다. 신선한 제품부터 숙성 제품, 훈제 제품까지 종류도 다양하다.

**나폴리 핏자에
인증된 모차렐라**

❶ 캄파니아주의 모차렐라 부팔라 D.O.P.(mozzarella di bufala campana)
❷ 아펜니노 산맥 남쪽 지역의 S.T.G. 인증 피오르 디 라테(fior di latte, mozzarella S.T.G. fior di latte dell'Appennino Meridionale)

* 핏자 위에는 반드시 위에서 소개한 모차렐라 치즈가 녹아 있어야 한다.

나폴리 핏자에 올려지는 모차렐라

모차렐라와 유제품은 나폴리 핏자의 필수 요소 가운데 하나다. 1980년대까지만 해도 이탈리아 사람들은 마르게리타(Margherita)와 마리나라(Marinara) 핏자를 주문할 때 "'na pizza cu 'a mozzarella e 'na pizza senza mozzarella o 'uoglio e pummarola"(모차렐라가 들어간 핏자 하나와 모차렐라 없이 올리브오일과 토마토만 들어간 핏자 하나)라고 구분해 말하곤 했다.

몇 년 전, 즉 원산지 표시 제도와 품질 인증이 이탈리아 국내외에서 본격적으로 확산되기 전까지만 해도 핏자에 올려지는 유제품을 모두 모차렐라(mozzarella)라고 불렀다. 피오르 디 라테(fior di latte, 일부 은퇴한 장인들은 'o fiore d'o latte라고 부름), 젖소 모차렐라, 캄파니아 지역의 모차렐라 부팔라(mozzarella di bufala)를 구분하지 않았던 것이다.

유제품에 대한 기술적 세부 사항은 이 책에서 다루지 않는다. 관련된 내용은 별도의 기술 자료와 D.O.P., S.T.G. 보호 협회의 자료에 정리되어 있다. 이 가운데는 나폴리 핏자를 최상의 품질로 완성하는 뛰어난 제품들이 포함되어 있다.

1996년에는 베라체 핏자 나폴레타나 협회(Verace Pizza Napoletana)와 나폴리시가 처음으로 '나폴리 핏자에 대한 국제 규율'을 발행했으며, 이어 법으로 UNI 10791:98 규정이 제정되면서 제도적 기반이 마련되었다.

나폴리 핏자(Pizza napoletana)에 넣는 유제품은 종류별로 다르다.

피오르 디 라테 (Fior di latte) : 모차렐라

이 치즈는 소젖으로 만든 다소 단단한 질감을 갖는 치즈이다. 그 이유는 모차렐라 중에서 지방 함유량이 가장 적기 때문이다. 그래서 2~3mm 두께의 짧은 막대 모양으로 잘라 올려야 한다. 칼슘, 인, 비타민이 풍부하여 뼈와 치아의 건강을 개선하는 데 도움이 될 수 있는 치즈이다.

모차렐라 부팔라 (Mozzarella bufala; 물소젖)

모차렐라 부팔라는 질감이 부드럽고 탄력이 있어 최소 5~6mm 두께로 썰어 사용해야 한다. 그렇지 않으면 핏자 위에서 완전히 녹아버려 유제품 특유의 질감을 느낄 수 있는 형태가 유지되지 않는다. 피오르 디 라테에 비해 더 짭짤하고 약간 톡 쏘는 맛이 있으며, 토마토의 달콤한 산미와 완벽한 조화를 이룬다. 풍부하면서도 과하지 않은 풍미를 지녔으며, 지방과 칼로리는 낮고 단백질과 칼슘의 공급원이 되기 때문에 균형 잡힌 식단에도 적합하다. 소에 비해 물소의 개체 수가 적어 가격은 상대적으로 비싼 편이다.

★ 피오르 디 라테와 모차렐라 부팔라 모두 유장을 많이 함유하고 있으므로, **사용하기 3~4시간 전에 미리 잘라두어 어느 정도 건조된 후에 사용해야 한다. 그렇지 않으면 구워낸 핏자에 치즈에서 나온 유장(수분)이 너무 많이 생겨 먹기에 불편하거나, 도우의 식감이 수분에 의해 영향을 받는다.**

모차렐라 부라타 (Mozzarella burrata; 부라타 치즈)

우리는 흔히 모차렐라 부라타를 '부라타 치즈'라고 부른다. 부라타(burrata)는 이탈리아 남부 풀리아(Puglia) 지역의 특산품으로, 모차렐라를 만들고 남은 찌꺼기를 활용하기 위해 개발되었다고 전해진다.

'부라타(burrata)'라는 이름은 '버터 같은' 또는 '버터를 바른'이라는 뜻에서 비롯되었는데, 이는 '부로(burro)'가 이탈리아어로 버터를 의미하기 때문이다. 부라타는 젖소젖 또는 물소젖으로 만들 수 있으며, 모차렐라와 크림, 그리고 부드럽고 끈적한 커드와 크림을 섞은 스트라차텔라(stracciatella)가 속을 채운다. 겉면은 단단한 껍질로 싸여 있어 내부의 크리미한 중심부가 터지지 않도록 보호한다.

맛은 섬세하고 은은한 풍미를 지니며, 실온에서 먹는 것이 가장 좋다. 또한 만들어진 후에는 가능한 한 빨리 소비하는 것이 이상적이다. 부라타는 샐러드, 파스타, 샌드위치, 핏자에 활용할 수 있다. 제공 방법으로는 핏자에 올리거나, 트러플과 페어링하거나, 카프레제에 사용하는 방식이 대표적이다.

고르곤졸라 (Gorgonzola)

고르곤졸라는 밀라노 외곽의 고르곤졸라 지방에서 11세기부터 수세기 동안 생산되어 온 치즈로, 무지방 젖소젖으로 만든 이탈리아산 블루치즈다. 원산지 명칭 보호(PDO) 인증을 받은 이 치즈는 버터 같은 부드러움과 퍽퍽함이 동시에 느껴지며, 잘 부서지는 조직 속에 푸른 곰팡이가 혈관처럼 퍼져 있다. 맛은 부분마다 달라 어떤 곳은 짭짤하게, 또 어떤 곳은 은근히 달게 느껴지기도 한다. 요즘은 작은 주사위 모양으로 잘라 포장되어 핏자 전용으로 사용할 수 있도록 판매되고 있다.

이 치즈는 크게 세 가지 맛의 형태로 나뉜다.

❶ 크레모소 (Cremoso) : 크림처럼 부드러운 질감을 지닌 맛
❷ 돌체 (Dolce) : 짠맛이나 매운맛이 덜한 순한 맛
❸ 피칸테 (Piccante) : 강하고 날카로운 풍미가 특징으로, 핏자에 가장 많이 사용된다.

리코타 (Ricotta)

리코타는 이탈리아어로 '다시 익힌', '재가열한'이라는 뜻으로, 파르미지아노 레지아노 치즈나 그라나 파다노 치즈를 만들고 남은 유장을 다시 끓여 만든 유청 치즈다. 유청을 약 89℃까지 가열한 뒤 구연산이나 레몬즙을 넣으면 남아 있던 유청 단백질이 덩어리로 뭉쳐진다. 이를 소창 천으로 걸러내면 리코타가 완성된다.

사용 목적에 따라 수분을 더 빼 농도를 되직하게 하거나, 그대로 두어 부드럽게 사용할 수 있다. 색은 크림색이며 외관은 두부와 비슷하다. 사용되는 우유나 산성 물질에 따라 향과 맛이 달라지며, 만든 후에는 가능한 한 빠른 시일 내에 소비해야 한다.

경질치즈 (파르미지아노 레지아노 치즈, 그라나 파다노)

경질치즈에는 대표적으로 파르미지아노 레지아노(Parmigiano Reggiano)와 그라나 파다노(Grana Padano) 두 가지가 있다. 파르미지아노 레지아노는 이탈리아 북부 에밀리아 로마냐주 레지오 에밀리아와 파르마가 원산지인 치즈다. 흔히 파마산 치즈(Parmesan cheese)라고도 부르는데, '파르미지아노 레지아노'가 이탈리아에서 생산되는 정통 치즈를 가리키는 반면, '파마산 치즈'는 이탈리아 외 지역에서 만든 치즈나 가공 치즈까지 포함하는 명칭으로 쓰인다. 일반적으로 24개월 이상 숙성된 제품들이 많다.

파르미지아노 레지아노

그라나 파다노는 북부 이탈리아 포 강 유역이 원산지로, 파르미지아노 레지아노와 유사한 특징을 가진다. 이름은 알갱이를 의미하는 이탈리아어 '그라나(grana)'와 포 강 유역을 뜻하는 '파다노(padano)'가 결합된 것이다. 숙성 기간은 평균 9개월에서 16개월이다.

두 치즈 모두 파스타나 핏자 등 다양한 요리에 갈아 넣거나 조각으로 올려 사용된다.

그라나 파다노

페코리노 (Pecorino)

페코리노는 '양젖 치즈'로, 이름은 이탈리아어로 '양'을 의미하는 페코라(pecora)에서 유래했다. 보통 5개월에서 9개월간 숙성해 만들며, 부드러운 질감과 톡 쏘는 맛을 지닌다.

요리에서는 조각 내거나 강판에 갈아 사용한다. 와인과 잘 어울리고, 파스타, 훈제 고기, 올리브 등과 곁들이면 좋다. 대부분의 페코리노 치즈는 소금 함량이 높아 매우 짠 편이다. 숙성된 페코리노는 파스타, 수프 등 뜨거운 요리에 갈아 올려 사용하기에 적합하고, 소금이 적게 들어간 페코리노 돌체는 신선하게 즐기는 요리에 사용하기에 적합하다.

페코리노 치즈에는 여러 가지 종류가 있으며, 각기 고유한 특징을 지닌다. 페코리노 로마노(Pecorino Romano)는 짠맛이 강한 것으로 알려져 있고, 페코리노 사르도(Pecorino Sardo)는 비교적 덜 짜면서도 풍미가 좋아 널리 사랑받는다. 여기에 부드럽고 온화한 맛을 지닌 페코리노 돌체(Pecorino Dolce)도 잘 알려진 종류 가운데 하나다.

프로볼라, 프로볼로네 (Provola, Provolone)

프로볼라와 프로볼로네는 시칠리아의 카초카발로(Caciocavallo, 양젖 치즈)와 유사한 성격의 치즈다. 프로볼로네라는 이름은 프로볼라 치즈에서 유래했으며, 크기를 크게 만들어 '크다'라는 의미를 덧붙여 붙여진 명칭이다. 처음 프로볼로네를 만들 때에는 늘어진 호리병 모양의 카초카발로 형태로 제작했는데, 이는 치즈의 점성이 적절함을 보여주는 척도로 여겨졌다.

이후 프로볼로네 치즈는 점차 사랑받게 되었고, 다양한 형태가 고안되었다. 오늘날 전통적으로 남아 있는 형태는 네 가지다. 호리병 모양, 멜론 모양, 살라메 모양, 원추형 모양이며, 이 가운데 가장 널리 알려진 형태는 호리병 모양이다.

프로볼로네 돌체 (Provolone dolce)

프로볼로네 돌체는 약 2~3개월간의 짧은 숙성 기간을 거쳐, 부드러운 우유의 맛과 촉촉한 질감을 유지한다. 반면 프로볼로네 피칸테(Provolone piccante)는 어린 양이나 염소의 레닛(rennet, 치즈를 만들 때 사용하는 응유 효소제)을 사용해 만들며, 최소 3개월에서 1년 이상 숙성되어 매운 맛과 독특하고 강한 풍미를 지닌다. 이 두 종류의 프로볼로네 외에 훈제하여 만든 프로볼로네 아푸미카토(Provolone affumicato)도 있다.

스카모르차 (Scamorza)

스카모르차는 프로볼로네와 유사한 형태의 치즈로, 보통 250g 정도의 호리병 모양으로 만든다. 특히 훈제 제품이 가장 널리 사용되는데, 쫄깃하고 단단한 식감에 톡 쏘는 맛과 크리미한 질감을 지녀 핏자, 라자냐 등 파스타 요리에 자주 활용된다.

03. 올리브오일

핏자에 사용하는 기름은 산화에 강하고 고온에서도 안정적인 올리브오일이어야 한다. 올리브오일은 차가운 상태에서 압착하고 정제 과정을 거치지 않은 엑스트라버진 오일(olio extravergine)과 버진 오일(olio vergine)을 사용한다. 이들 오일에는 자연 산화방지제인 토코페롤이 함유되어 있다. 특히 엑스트라버진 오일은 버진 오일보다 산도가 낮아 단점이 없으므로, 핏자에는 엑스트라버진 오일의 사용을 권장한다.

**핏자에서
엑스트라버진
올리브오일은
어떻게 어울리는가?**

마르게리타 핏자나 마리나라 핏자 위에 열매 향이 강한 과실향의 올리브오일을 뿌리는 것은 크게 부정적인 결과를 가져오지 않는다. 다만 양을 과하게 사용하지 않는 것이 중요하다. 모차렐라와 토마토는 완성된 핏자에서 올리브오일의 강한 맛을 부드럽게 중화시켜 주며, 올리브오일을 2차 토핑으로 사용했을 때에도 유제품 등 다른 재료들과 상호 작용해 특별한 아로마를 더한다.

04. 기타 재료들

바질 Basil, Basilico
나폴리 핏자의 기본 양념으로 빠질 수 없는 것이 바로 바질이다. 신선한 바질잎을 그대로 사용하거나, 세척 후 포장된 신선한 바질을 활용한다.

오레가노 Oregano, Origano
꿀풀과(Lamiaceae)에 속하며, 나폴리를 대표하는 핏자인 마리나라에 주로 사용되는 허브로 주로 건조해서 사용한다.

와일드 루꼴라   로케트

와일드 루꼴라
Rucola, Rucola selvatica
이탈리아의 루꼴라는 향미가 풍부해 많은 이들이 즐겨 찾는 채소다. 진짜 루꼴라는 잎이 가늘고 길며 좌우로 뾰족하게 뻗은 형태를 가지고 있다. 한편 로케트는 루꼴라와 맛은 비슷하지만 모양은 전혀 다르다. 한국에서 흔히 사용하는 열무처럼 생긴 로케트는 아라굴라(arugula)라고도 불리는데, 실제 이탈리아에서는 거의 볼 수 없는 채소다. 이탈리아의 시장과 핏제리아에서는 와일드 루꼴라만 사용한다. 씹을 때 진하게 퍼지는 향과 매콤한 맛이 기름진 핏자와 훌륭한 조화를 이룬다.

올리브 Olive, Oliva

이탈리아 핏자에 올려지는 올리브는 대부분 자주색이나 검은색 계열의 절인 올리브다. 검은 올리브에는 다양한 품종이 있으며, 이탈리아 핏제리아에서는 주로 슬라이스된 제품보다는 홀 상태의 올리브를 더 많이 사용한다. 대표적으로 디아볼라 핏자에 활용된다.

프리아리엘리　　　　시판 줄기 브로컬리(통조림 제품)

프리아리엘리 Friarielli

남부 나폴리에서는 '프리아리엘리(friarielli)', 풀리아(Puglia)에서는 '치메 디 라파(cime di rapa)', 로마에서는 '브로콜레티(broccoletti)'라고 부른다. 쉽게 말해 줄기 브로콜리를 이루는 모든 줄기를 가리킨다. 조리하면 특유의 향과 맛이 뛰어난 채소다.

살시차 프레스카 Salsiccia fresca

이탈리아 핏자에 올려지는 살시차는 모두 신선한 제품이다. 양념된 신선한 소시지를 사용하며, 원하는 크기로 잘라 올리거나 케이싱을 벗겨 내용물만 올리기도 한다. 제품의 종류와 핏자의 특성에 따라 다양한 방식으로 활용된다.

살루미 salumi

이탈리아 핏자에 올려지는 살루미의 대부분은 다양한 육고기를 혼합해 만든 것으로, 익히지 않은 생고기에 양념을 더해 숙성시킨 제품들이다. 그중에서도 살시초네, 살라미, 초리조 등이 가장 많이 사용된다.

모르타델라 Mortadella

모르타델라는 볼로냐를 대표하는 큰 덩어리의 햄으로, 햄 속에 박혀 있는 고소한 피스타치오가 특징이다. 주로 간편식인 파니니(샌드위치)와 핏자에 가장 많이 사용되고, 샐러드나 다양한 음식에도 두루 쓰인다. 이탈리아를 대표하는 익힌 볼로냐 햄이라고 볼 수 있다.

프로슈토 Prosciutto

프로슈토는 이탈리아어로 '햄'을 뜻한다. 돼지 뒷다리를 염장한 뒤 건조와 공기 건조 과정을 거쳐 만든 햄으로, 얇게 썰어 먹으며 진한 돼지고기 풍미가 특징이다. 특히 파르마 지역에서 시작된 고급 이탈리아 햄으로 잘 알려져 있다.

프로슈토는 요리 전반에 널리 활용되지만, 핏자에 가장 많이 사용되는 햄이기도 하다. 건조 숙성시킨 크루도(crudo)와 삶아 익힌 코토(cotto) 두 가지가 있으며, 치즈와 빵을 곁들인 파니니로 즐기거나 파스타, 리소토에도 자주 사용된다. 비슷한 제품으로는 스페인의 하몽과 프랑스의 잠봉이 있다.

01. 화덕의 구조

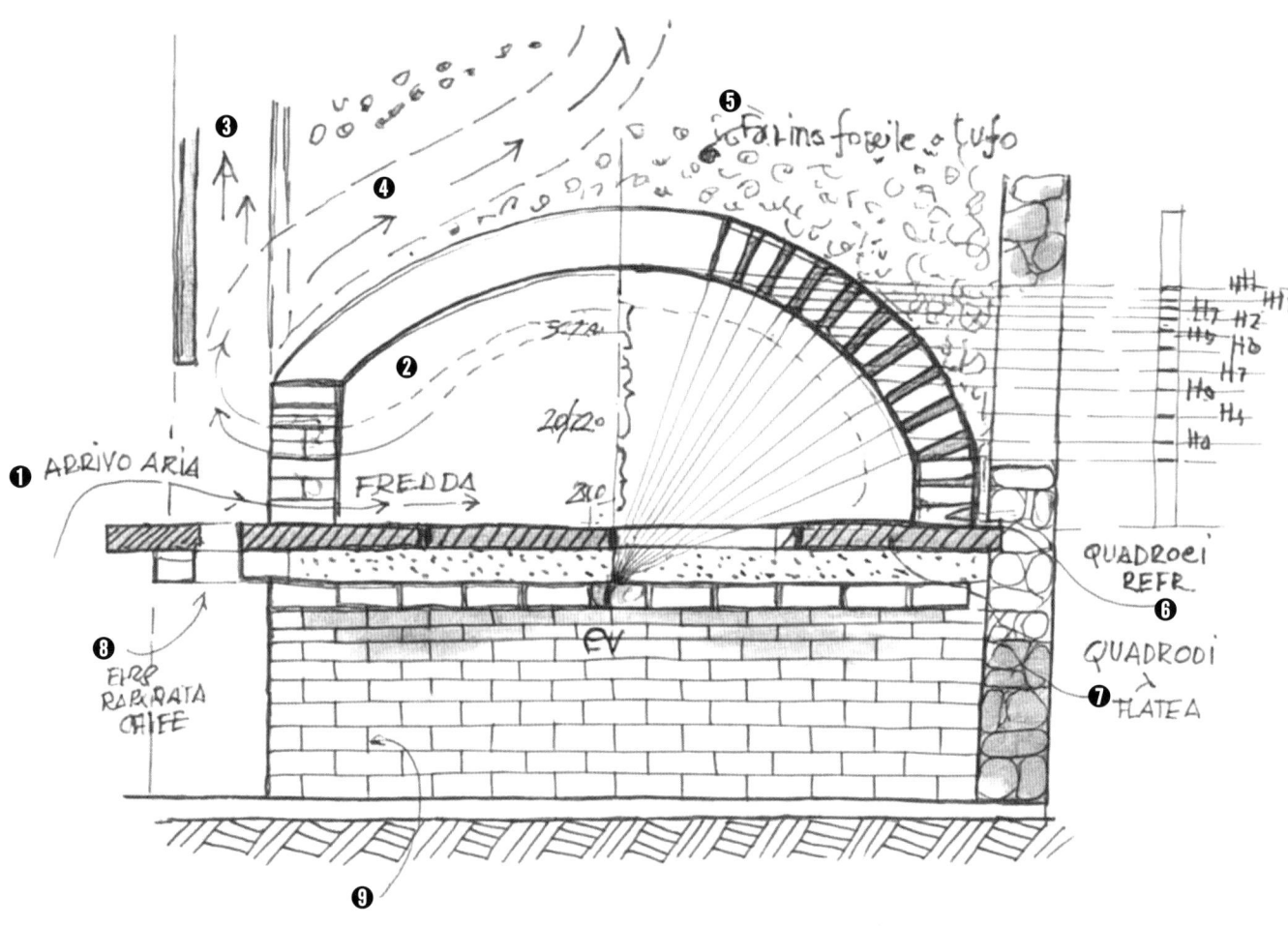

- ❶ Arrivo aria fredda / 차가운 공기 도착
- ❷ Giro fumi e aria calda / 뜨거운 공기(열기)와 연기의 대류(이동)
- ❸ Camino / 연통
- ❹ Camino per parziale recupero calore fumi / 배기가스를 회수를 위한 부분적인 연통
- ❺ Farina fossile o tufo / 단열재와 단열벽돌
- ❻ Quadracci refe / 화덕 돔지붕의 벽돌
- ❼ Quadroni Platea / 화덕 내부 바닥 돌
- ❽ Foro Raccolta cenere / 재 모으는 구멍(공간)
- ❾ Cinerario o eventuale deposito / 화덕 받침 지지대 또는 필요 공간

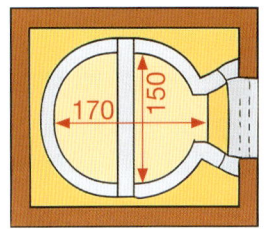

화덕 설계도면 (위에서 본 화덕)

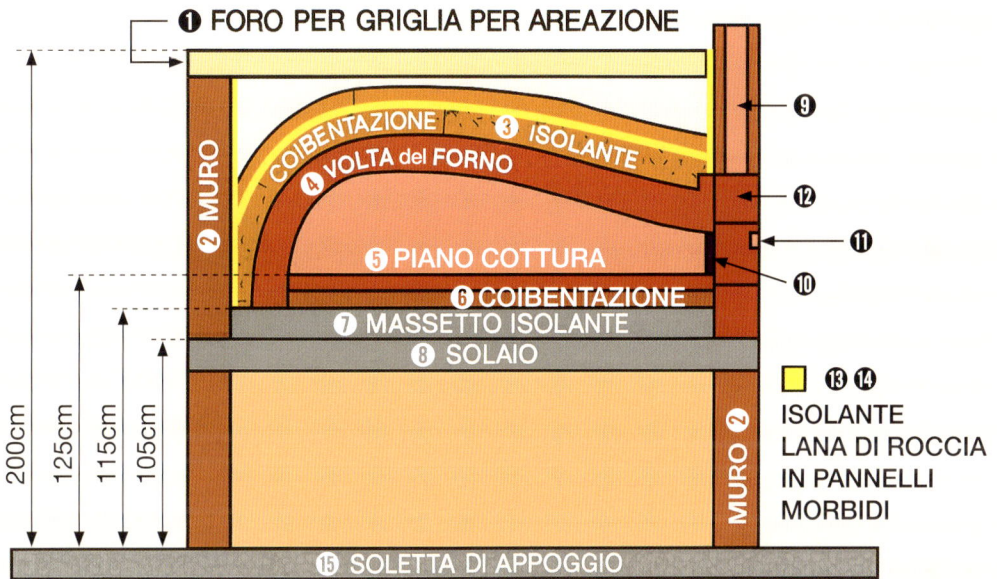

- ❶ Foro per griglia per areazione / 환기를 위한 그릴용 구멍
- ❷ Muro / 측면
- ❸ Coibentazione isolante / 단열재
- ❹ Volta del forno / 화덕 내부 돔 지붕
- ❺ Piano cottura / 익힘 바닥(화덕 내부의 바닥으로 핏자가 구워지는 곳)
- ❻ Coibentazione / 바닥층
- ❼ Massetto isolante / 바닥 절연 스크리드
- ❽ Solaio / 받침 (화덕을 받쳐주는 바닥의 역할을 한다)
- ❾ Canna fumaria / 굴뚝
- ❿ Cappetta / 갓돌
- ⓫ Termometro / 온도계
- ⓬ Portina / 문(화덕 입구)
- ⓭ Isolante / 단열재
- ⓮ (노란색 네모 부분) Lana di Roccia in pannelli morbidi / 부드러운 패널의 암면 단열재
- ⓯ Soletta di appoggio / 바닥 지지대

02. 화덕의 종류

핏자를 굽는 화덕은 대부분 장작 또는 가스를 열원으로 사용한다. 단, 전기 회전식이나 전기 열원을 사용하는 데크 오븐은 제외된다. 이에 따라 화덕의 종류를 간단히 정리하였다.

스테파노 페라라 클래식 (하부 마감형)   스테파노 페라라 클래식

❶ 완제품 화덕

	옵션
이탈리아에서 수입된 일체형 화덕은 이동과 설치를 위해 윗부분이 되는 화덕과 아랫부분이 되는 받침대로 구성되어 있다. 크기가 큰 편이며, 벽돌 소재 또는 철제·메탈 소재로 제작된다. 가격은 약 1,500만~2,000만 원이며, 장작과 가스를 겸용할 수 있다.	타일 디자인 선택 배기 연통 집진기

폰타나포르니 만지아푸오코 메탈 화덕

❷ 완제품 화덕 (메탈 제품)

메탈로 된 완제품 화덕은 규모가 작은 핏제리아나 카페에서 사용하기에 적합한 모델이다. 필요에 따라 이동도 가능한 제품이며, 자동점화장치 또는 가스버너를 이용한다.

❸ 조립식 화덕 (모듈 화덕)

	옵션
이탈리아에서 수입된 조립형 화덕 키트로, 현재 국내에서 가장 많이 설치되는 제품이다. 보통 한 파레트에 12조각으로 구성된 화덕 벽돌을 원하는 디자인으로 조립 전문가가 설치한 뒤, 매장 콘셉트에 맞추어 외장 타일 등의 마감을 자유롭게 선택할 수 있다는 장점이 있다. 가격은 약 800만~1,000만 원이며, 장작과 가스를 겸용할 수 있다.	타일 디자인 선택 배기 연통 집진기

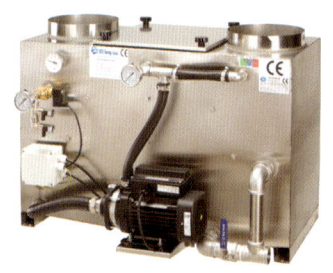

장작 화덕용 필터 제연기

❹ 제연기

도심에 오픈하는 매장에서 장작을 열원으로 하여 핏자를 굽는 화덕에 필요한 필터 제연기이다. 화덕에서 장작을 피울 때 발생하는 연기와 입자를 물을 스프레이 형태로 분사해 필터링해주는 장치이다.

❺ 핏자 전용 데크 오븐 (전기 사용)	옵션
일반적으로 2단 구조로 되어 있으며, 최대 550℃까지 도달할 수 있다. 전기 히터로 열을 발생시키기 때문에 한 번 문을 열어 핏자를 구워내면 온도를 다시 끌어올리는 시간이 필요하다. 이 때문에 2단 구조를 활용해 상·하단을 교차하며 핏자를 굽는다. 국내에서도 품질이 우수한 제품이 많이 생산되고 있다. 가격은 약 200만~600만 원이며, 화덕에 비해 크기가 작아 설치가 용이하다.	매장에 따라 전기승압이 필요하다.

❻ 가정용 컨벡션 오븐 (전기 사용)

가정에서 빵이나 쿠키, 혹은 냉동 생지를 굽는 용도로 많이 사용하는 대류식 컨벡션 오븐은 제품에 따라 다르지만 최대 260~280℃까지 올릴 수 있다. 컨벡션 오븐은 클래식한 나폴리 도우로 만든 핏자를 구울 경우 대류하는 열로 인해 겉면이 마르고 딱딱해지므로 적합하지 않다. 그러나 컨템포러리 반죽으로 만든 핏자는 높은 수분 함량 덕분에 굽는 시간이 화덕보다 길어지긴 하지만, 가정에서 충분히 만족할 만한 품질로 구워낼 수 있다. 굽는 시간은 약 3~5분 정도 소요된다.

03. 화덕의 관리

장작을 열원으로 사용하는 화덕

- 참나무 장작은 완전히 건조되지 않은 상태로 판매되는 경우가 많으므로, 구입 후 햇볕이 잘 드는 장소에 쌓아두어 건조시키는 것이 좋다. 그렇지 않으면 불이 잘 붙지 않아 연기가 발생할 수 있다.

- 장작은 대부분 수입품이라 나무에 붙은 벌레 유충이 매장 안으로 유입될 수 있으므로 매장 밖 비가 들지 않는 장소에 보관하며 건조시키는 것이 바람직하다.

- 장작을 사용하는 화덕에는 집진기를 함께 설치하는 것이 좋다. 만약 설치하지 않는다면 매월 화덕의 배기 연통을 청소해야 한다. 연통 내부에는 재와 그을음 등이 달라붙으므로 동력 모터를 이용해 정기적으로 청소하는 것이 필요하다.

- 배기 장치로는 무동력 벤츄레타를 설치하는 것을 권장한다.

가스를 열원으로 사용하는 화덕

- LPG를 사용하는 화덕은 가스 압력이 LNG보다 높아 열이 강하다. 그러나 가스 비용이 많이 든다는 단점이 있다. 반면 LNG는 비용이 많이 들지 않으면서 열도 약하지 않다. 따라서 경제적인 측면에서 가능한 LNG를 사용하는 것을 추천한다.

- 가스 화덕은 사용이 간편한 만큼 위험도 뒤따를 수 있다. 사용 중 화덕 입구에 문이 있는 경우, 문을 완전히 닫아두면 산소 부족으로 내부의 불이 꺼질 수 있다. 이 상황을 모른 채 가스가 계속 새어 나오면, 문을 열고 바로 불을 붙일 때 화염이 폭발하듯 터져 큰 사고로 이어질 수 있다. 따라서 이런 경우에는 반드시 모든 문을 열어 놓고, 몇 분간 주방 넉트(배기후드)를 가동해 충분히 환기시킨 뒤 불을 붙여야 한다. 이는 가스를 사용하는 매장에서 한 번쯤은 겪을 수 있는 위험 사례이기도 하다.

전기를 열원으로 사용하는 데크 오븐

- 핏자용 데크 오븐은 반드시 2단으로 구성된 제품을 추천한다.

- 나폴리 핏자를 굽기 위해서는 최소 400 ℃ 이상의 내부 온도를 유지해야 한다. 핏자 한 판을 굽기 위해 문을 열면 온도가 떨어지고, 다시 올리는 데 시간이 필요하다. 2단 구조라면 교차 사용이 가능해 효율적으로 굽는 데 도움이 된다.

- 데크 오븐의 바닥은 반드시 돌판으로 구성된 제품을 선택해야 한다.

- 전기 용량과 단상 220V 또는 380V 여부를 확인해 매장에 맞는 제품을 구입해야 한다.

04. 장작

장작의 구분

장작은 시중에서 입방미터(㎥)당 무게를 기준으로, 부드러운 장작과 단단한 장작으로 분류된다.

부드러운 장작은 약 300~350kg/㎥ 정도의 무게로 전나무, 소나무, 포플러, 오리나무, 밤나무, 버드나무 등이 이에 속한다. 단단한 장작은 약 350~400kg/㎥ 정도로 오크, 느릅나무, 물푸레나무,

너도밤나무, 털가시나무 등이 해당한다. 부드러운 장작은 불이 쉽게 붙고 빨리 타며 긴 불꽃을 만든다. 반면 단단한 장작은 밀도가 높아 연소 속도가 느리고 불꽃은 짧지만 오래 지속된다.

이러한 분류는 영국 규율에 따른 것으로, 침엽수를 'soft wood', 활엽수를 'hard wood'라 정의한 데서 비롯되었다. 이를 직역해 '부드러운 나무'와 '단단한 나무'라 번역하기도 하지만, 실제로는 침엽수와 활엽수를 구분하는 용어일 뿐이므로 과잉 교정의 사례라 할 수 있다.

장작은 사용되는 나무의 종류에 따라 서로 다른 특성을 지닌다. 나무마다 건조 시간이 다르고, 열을 내는 능력 역시 차이가 있다. 발열력은 수분율과 그 농도에 크게 좌우된다.

가장 좋은 땔감은 오크나무, 물푸레나무, 너도밤나무, 단풍나무, 체리나무 등이다. 그 다음으로는 밤나무, 자작나무, 오리나무가 적합하며 라임나무, 포플러나무, 버드나무는 무난하게 사용할 수 있다. 반면 송진 등 수지가 많은 나무는 사용하지 않는 것이 좋다.

장작의 발열력   여러 나무의 발열력은 수분 함량에 따라 달라지며, 그 결과 보일러나 스토브의 성능은 사용하는 장작의 종류에 직접적인 영향을 받는다. 잘 건조된 장작은 평균적으로 약 3,200kcal/kg의 발열량을 낸다.

수분에 따른 장작의 발열력

수분	발열력
15 %	3490 kcal/kg
20 %	3250 kcal/kg
25 %	3010 kcal/kg
30 %	2780 kcal/kg
35 %	2450 kcal/kg
40 %	2300 kcal/kg

<자료: catalogo Unical>

05. 반죽기

반죽기에는 일반적으로 두 창 포크 또는 나선형 날개가 달린 2배속 반죽기를 사용하는데, 이를 '스파이럴 도우 믹서'라 부르며 중·경질 또는 연질 반죽을 치기에 적합하다. 두 창 포크 날개에 비해 나선형 날개는 반죽과의 공기 접촉(산화)을 최소화하는 데 도움이 되며, 열이 많이 발생하는 특징이 있다. 반면 벌린 두 팔 모양의 날개 반죽기는 반죽 치는 시간을 단축시키지만 공기 접촉이 많아진다. 또한 반죽을 과도하게 치대면 반죽기에서 발생하는 열로 인해 '꼬리'가 형성되며, 이는 기계 사용의 큰 단점인 글루텐망의 파괴로 이어질 수 있다.

용량 선택

용도	용량(리터)	최대 밀가루양	완성 도우 수량 (240g 기준)
카페를 운영하던 매장이 화덕 핏자를 하는 경우	10L	4kg	약 28개
파스타를 판매하는 곳에서 화덕 핏자를 하는 경우	20L	8kg	약 50개
전문 핏제리아의 경우	30~50L	12~20kg	70~140개

* 반죽기의 용량이 도표 기준보다 적더라도 하루에 두 번 반죽을 하면 되므로, 꼭 큰 용량의 반죽기를 구입할 필요는 없다. 큰 용량의 제품은 가격 부담이 크고 공간도 더 필요하기 때문에, 두 번 반죽을 하더라도 적당한 용량의 반죽기를 선택하는 것이 더 효율적이다.

스파이럴 반죽기
핏자 반죽은 스파이럴 믹서를 사용하는 것이 좋다.

버티컬 반죽기
이 반죽기는 반죽을 많이 만들 수 없고 높이가 높아 주방에 공간을 많이 차지한다.

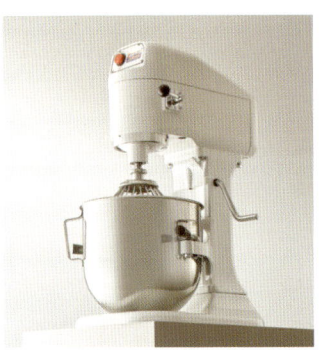

스파이럴 반죽기 버티컬 반죽기

06. 기타 도구들

화덕용 삽(팔라)

팔라(Pala; 삽)는 핏자의 모양을 성형하고 원하는 재료를 토핑한 후 화덕에 넣을 때 필요한 도구이다. 모든 제품은 이탈리아산 제품의 삽을 사용하며, 타공이 되어 있거나 타공이 없는 두 가지 형태가 있다. 주로 지름 30cm 핏자를 굽는 데 쓰인다. 주의할 점은 삽의 앞부분이 찌그러지지 않도록 충격을 주지 않아야 한다는 것이다.

화덕용 원형 패들

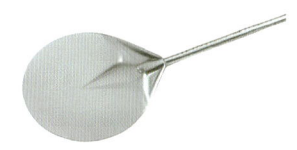

패들(paddle)은 지름 18~23cm 크기가 주로 사용되며 형태는 원형이다. 팔라를 이용해 화덕에 넣은 핏자를 좌우로 움직이거나 고르게 굽기 위해 회전을 할 때 필요한 도구이다. 위아래로 움직이는 나무손잡이를 이용해 거리를 조절하면서 핏자를 구울 수 있다.

화덕용 철재 브러시

철재 브러시는 화덕의 바닥을 청소할 때 쓰이는 도구로, 다양한 형태로 시판되고 있다. 반달형, 원형, 또는 일자형으로 된 철재(쇠솔) 브러시로 나뉘는데, 제품에 따라 브러시 뒷부분이 바닥을 긁어내는 용도로 만들어져 있기도 하다.

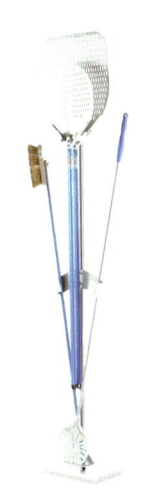

화덕용 핏자 삽 세트

도우 박스

핏자의 반죽을 만들어 사용자가 원하는 무게로 분할한 후 둥글리기한 반죽은 도우 박스 또는 식품용기에 담아 발효시킨다. 도우 박스 안에는 약 8개의 도우가 들어가며 다른 도우 박스를 포개 발효 또는 숙성에 들어가게 되는데, 마지막 칸은 투명한 뚜껑을 덮어서 보관한다.

컨템포러리용 개별 반죽 용기

반죽의 분할 무게에 따라 용기의 크기를 결정하여야 하며, 밀폐용기가 아니더라도 공기가 최대한 들어가지 않는 밀폐력이 좋은 뚜껑을 가진 용기를 선택하여야 한다. 보통 700ml 용기를 사용하는 것이 일반적이다.

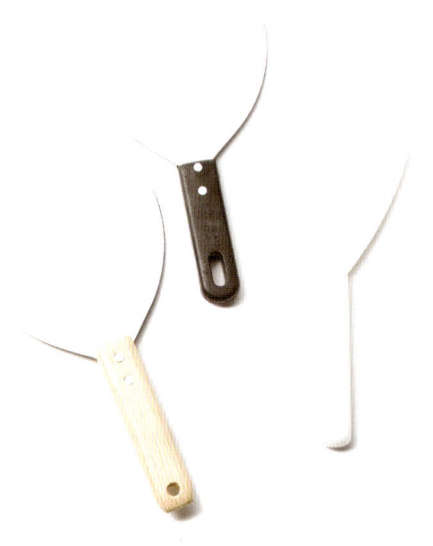

주걱

핏자이올로는 반죽을 성형하는 단계에서, 혹은 상자에서 발효된 공 모양 반죽을 떼어내는 단계에서 주걱을 사용한다. 이 주걱은 단단하게 선별된 너도밤나무나 아카시아 나무로 손잡이를 만들고, 여러 단계의 템퍼링 과정을 거친 스테인리스 날을 삼각형 모양으로 가공한 도구이다.

올리에라 (Oliera, 올리브유 동 주전자)

나폴리의 핏자이올로들은 핏자에 올리브유를 더할 때 대부분 동으로 만든 주전자를 사용한다. 보통 500mL 용량의 적당한 크기에 엑스트라버진 올리브유를 담아, 달팽이관 모양을 그리듯 핏자 위에 부어 풍미를 더한다.

01. 반죽의 숙성과 발효

나폴리식 핏자는 이제 세계인의 음식이다. 전 세계에서 핏자를 즐기지 않는 나라가 없기 때문이다. 이 핏자를 만드는 방법은 크게 두 가지로 나눌 수 있다. 첫째, 전통적인 방법인 저온 숙성으로 반죽을 발효시키는 방식, 둘째, 이탈리아 전통 빵인 치아바타를 만들 때 사용했던 비가(Biga)를 활용해 저온 숙성으로 반죽을 만드는 방식이다.

저온 숙성이란 말 그대로 낮은 온도에서 반죽을 숙성시키는 것이다. 이렇게 하는 이유는 반죽 속 효모의 성장을 최대한 억제하기 위함이다. 이 과정에서 반죽은 여러 화학적 변화를 겪게 되는데, 그중 하나가 바로 전분의 분해다. 전분 속 다당류가 단당류로 분해되면서 소화를 돕는 효소가 생성되고, 결과적으로 소화가 잘 되는 핏자 반죽이 완성된다.

또한 저온 숙성은 효모 발효를 억제하는 동안 다양한 젖산균과 효소가 작용해 반죽에 큰 기공을 형성하고, 겉은 바삭하면서 속은 촉촉한 질감을 만들어 준다. 다만 클래식한 나폴리식 반죽(직접 반죽법)은 소화에는 유리하지만 바삭한 식감을 크게 기대하기는 어렵다. 반면 비가를 이용한 컨템포러리 반죽은 바삭하면서도 매우 촉촉한 것이 장점이다.

결국 저온 숙성이란 온도 변화에 따른 반죽의 성질을 조절하는 과정으로, 셰프마다 원하는 온도와 반죽 관리 방식에 따라 서로 다른 개성을 가진 핏자 반죽을 만들어 낼 수 있는 것이다.

반죽의 기본 원리와 발효

빵은 일반적으로 직접 반죽을 통해 제품으로 완성된다. 그러나 현대에는 다양한 반죽법을 활용하여 더욱 바삭하고 촉촉하며, 소화가 잘되는 반죽이 개발되고 있다. 이러한 차이는 반죽의 숙성과 발효 과정에 크게 좌우된다.

이탈리아의 핏자 장인들 역시 맛있고 소화가 잘되는 핏자를 만들기 위해 노력한다. 이를 위해서는 반죽에 사용되는 재료의 특성을 이해하는 것이 무엇보다 중요하다. 재료가 혼합되면서 일어나는 물리적·화학적 변화를 올바르게 균형을 잡아주는 과정이 필요하다.

살펴봐야 할 주요 요소	• 물의 경도와 온도
	• 완성품에 적합한 밀가루의 특성
	• 소금의 작용
	• 온도에 따른 효모의 성장

발효란 효모의 효소 작용과 물리적 변화가 결합해 반죽의 부피를 늘리는 과정을 말한다. 올바른 발효는 반죽 단계부터 굽기까지 이어지는 모든 화학적·물리적 변화가 균형을 이루어야 가능하다. 이 과정은 숙성(maturazione), 발효(fermentazione), 부풀리기(lievitazione)의 세 단계로 나눌 수 있다.

전분의 분해

효소는 생화학적 반응을 돕는 **유기 촉매**로, 밀가루의 전분을 **다당류에서 단당류로 분해**하는 데 중요한 역할을 한다. 이 **효소**는 물에 의해 활성화되며, 전분이 물을 흡수하면 분자 간 결합이 느슨해져 글루코스, 맥아(malto), 덱스트린(destrine) 등의 단당류로 분해된다.

전분을 분해하는 효소

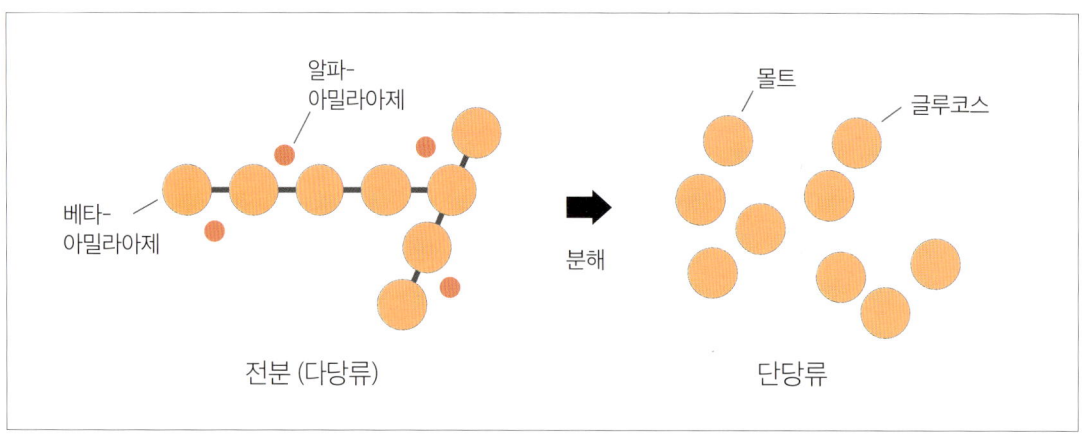

* 이스트가 성장하고 번식하기 위해서는 몰트(맥아)와 글루코스가 먹이로서 반드시 필요하다.

숙성과 발효

겉은 바삭하고 속은 촉촉하며, 기공이 고르게 분포해 소화가 잘되는 핏자 반죽은 다음 요소에 의해 결정된다. **밀가루가 물과 만나면서 시작되는 화학 반응**은 매우 다양하며, 주요한 과정은 다음과 같다.

효소 작용

전분이 단당으로 분해되는 과정은 **디아스타아제와 아밀라아제의 작용**으로 이루어진다. 이는 침샘과 췌장에서 생성되는 효소와 같은 원리이며, 인체의 간·장·신장에서도 찾아볼 수 있다. 이러한 분해 과정이 반죽에서 미리 진행되기 때문에, 핏자 섭취 시 소화와 흡수가 용이하다.

숙성 단계 (fermentazione)

아세트균과 젖산균의 작용으로 발효가 진행된다.

부풀리기 단계 (lievitazione)

부풀리기 단계에서는 반죽에 첨가된 효모(Saccharomyces cerevisiae)가 당을 영양원으로 삼아 발효를 시작한다. 작업 과정에서 반죽 속에 갇힌 공기는 산소를 소비하며 효모의 증식을 돕고, 산소가 점차 줄어들면 이산화탄소와 에탄올 생성이 활발해진다. 이 과정에서 형성된 가스는 글루텐망을 팽창시키며 반죽의 부피를 증가시킨다. 이러한 발효는 굽는 순간까지 이어지거나, 글루텐망이 더 이상 가스를 보유할 수 없을 때까지 지속된다.

결론

숙성과 발효는 수분, 온도, 시간, 이스트의 양에 따라 달라진다. 이러한 요소들의 균형이 맞아야 최적의 반죽이 완성된다.

반죽의 숙성, 발효, 부풀리기 단계는 부드럽고 다루기 쉽고 소화가 잘되는 반죽을 얻기 위해 필수적이다. 훌륭한 핏자 장인은 이 세 과정의 균형과 중요성을 이해하고, 다양한 조건 속에서도 일정한 품질의 반죽을 만들어내는 방법을 경험으로 익힌다.

표1 아래 단계들이 효과적으로 이루어지기 위해서는 반죽의 산도(pH 5.0~6.0), 사용되는 물의 양, 그리고 작업 온도(25~30°C)가 유지되어야 한다.

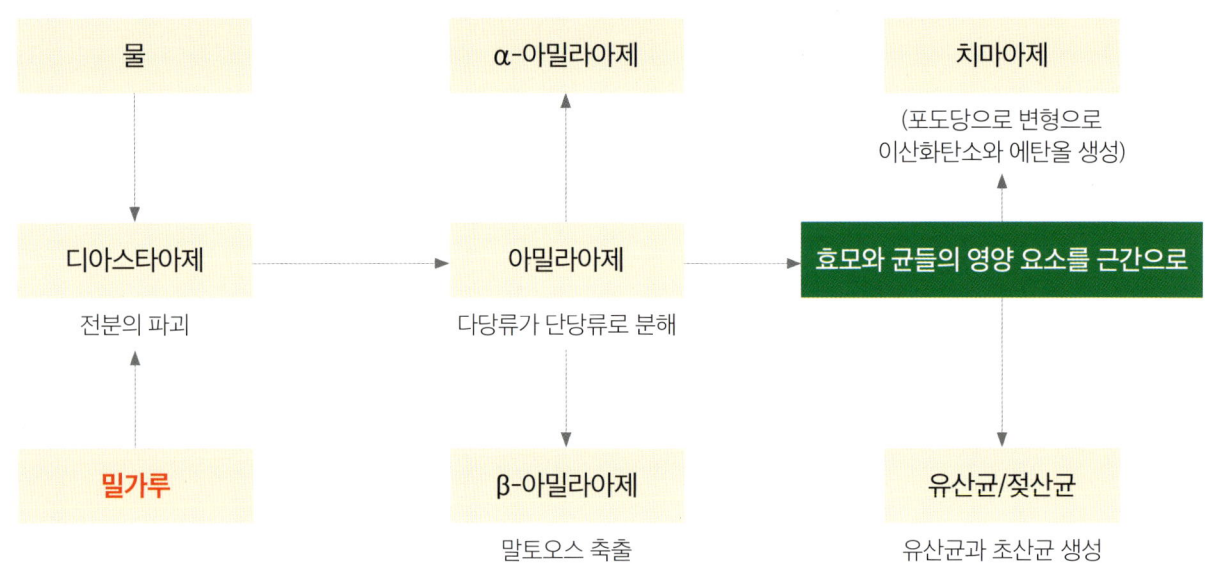

표2

밀가루 단백질	=	글루텐	글리아딘(신축성을 담당하는 단백질)과 글루테닌(탄성을 담당하는 단백질)이 물과 만나면서 글루텐을 형성한다.
글리아딘, 글루테닌	+	소금	소금을 첨가하면 반죽의 탄성 조직이 더욱 강화된다.
	+	수분	숙성은 수분, 온도, 그리고 시간의 조건에 따라 서로 다른 결과를 만들어 낸다.
		온도	지나친 발효나 지나친 장시간의 저온 숙성은 반죽에서 불쾌한 냄새와 신맛을 유발한다.
		시간	단백질 가수분해 효소의 작용으로 글루텐을 분해하는 다른 효모들이 장시간 개입하면 글루텐 구조가 무너질 수 있다.
		발효	유산균과 초산균의 작용으로 반죽은 산성화되며, 이 과정에서 병원성 균의 증식이 억제된다. 소금은 여기에 더해 방부제 역할을 하여 반죽의 안전성을 높인다.

4℃ 이하 냉장고에서도 발효는 진행된다

효모의 활동은 약 4℃에서 멈춘다는 점을 고려하면, 세 가지 과정 가운데 가장 빠른 단계인 부풀리기(lievitazione)를 중단하고 냉장고에서 숙성을 진행하는 방법을 선호하는 경우가 있다. 그러나 이때에도 속도는 느려지지만 발효는 계속 진행된다는 점을 알아야 한다. 이러한 이유로 일부 핏자이올로들은 효모의 사용량을 줄이는 방식을 택하기도 하며, 다른 이들은 간접 반죽 방식인 비가(biga) 반죽을 선호하기도 한다. 또 다른 고려 요소로는 밀가루의 힘(W)이 있는데, W 값이 높은 밀가루일수록 숙성 시간이 더 길어진다.

맥주 효모와 부풀리기(lievitazione, Pizza Napoletana)

맥주 효모를 이용한 부풀리기는 결과가 일정하고 예측 가능하다. 실제로 정통 나폴리 핏자를 규정한 VPN 규율에서도 맥주 효모 사용을 명시하고 있다.

소량의 맥주 효모를 사용하면, 반죽의 발효 과정에서 일부 효모가 높은 온도로 죽더라도, 남아 있는 효모와 유산균이 적절한 온도에서 계속 숙성을 이어가게 된다.

다만 천연 발효(사워도우 발효)와 달리, 맥주 효모는 모두 같은 종류의 단세포 미생물로 구성되어 있어 스스로 생존에 필요한 영양분만 분해하고 소화한다. 그렇기 때문에 여러 미생물이 함께 작용하는 천연 발효와 다르게, 장시간 숙성 과정에서 생기는 복잡한 향이나 풍미, 수화력 개선 효과는 제한적이다.

결과적으로 맥주 효모는 단일 미생물로만 작용하기 때문에 통밀에 들어 있는 피트산(phytic acid)을 충분히 분해하지 못한다. 따라서 통밀을 사용할 경우에는 맥주 효모보다 다양한 미생물이 공존하는 천연 발효가 더 적합하며, 맥주 효모와 통밀을 함께 사용하는 것은 권장되지 않는다.

02. 클래식 나폴리 반죽 이해하기

나폴리식 반죽은 일반적으로 오늘 반죽을 만들어 하루 숙성한 뒤 다음 날 사용하는 방식을 가장 많이 쓴다. 일부 핏제리아에서는 24~72시간 동안 저온 숙성을 거쳐 사용하는 경우도 있는데, 이는 전분과 당의 분해를 촉진해 소화 효소가 분비되도록 하여 부드럽고 촉촉하며 소화가 용이한 반죽을 만들기 위함이다.

나폴리 전통 반죽은 오랜 역사와 핏자 장인들의 손끝에서 완성된 방식으로 밀가루, 소금, 효모(이스트), 물 네 가지 재료만을 사용한다. 전통 반죽에는 어떤 오일이나 지방도 첨가하지 않는다.

다만 가정에서는 약간의 설탕이나 올리브오일을 사용할 수 있다. 가정용 오븐은 보통 250 ℃ 이상으로 가열되지 않기 때문에, 설탕을 넣으면 설탕의 캐러멜화 반응을 통해 반죽이 갈색으로 더 잘 구워져 보기에도 좋고 맛도 한층 풍부해지기 때문이다.

* 반죽은 오늘 만들어 내일 사용하는 24시간 숙성 기준이다.

나폴리 반죽 AVPN 표준 배합비			
비고	표준	밀가루 1kg 기준	추천
강력분	(1700)~1800 g	1000 g	1000 g
물	1000 g	600 g	660 g
효모(생이스트)	50 g	30 g	4 g
소금	(50)~55 g	30 g	(25)23 g

양 조절이 가능한 재료

❶ 물은 밀가루 1kg을 기준으로 사용량에 따라 수분율이 달라진다. 보통 630~700g을 사용하며, 예를 들어 700g을 넣으면 수분율은 70%가 된다. 반죽을 여러 번 하다 보면 작업 환경에 가장 잘 맞는 수분율을 스스로 찾을 수 있다.

❷ 효모는 4~5g을 기본으로 하지만, 반죽을 사용할 기간이나 작업장의 실내 온도에 따라 양을 줄이거나 늘릴 수 있다.

추천 배합 - 수분율 66%	
강력분	1000 g
물	660 g
효모(생이스트)	4 g
소금	23 g

* 물의 온도는 기본적으로 17℃(수돗물의 평균 온도)가 적합하며, 실온의 수돗물 사용을 권장한다. 생수는 지나치게 정제되어 있어 연경수에 비해 반죽에 적합하지 않다. 또한 얼음물은 사용하지 않는 것이 원칙이지만, 3일 이상 장기 숙성하는 반죽의 경우에는 예외적으로 사용할 수 있다.

03. 클래식 나폴리 반죽 레시피

'진정한 나폴리 핏자(Verace Pizza Napoletana)' 만들기는 하나의 실습이 연속적으로 이뤄지는 사이클로 진행되어야 하며 다음의 작업 단계들만으로 이뤄져야 한다.

* 본 레시피는 앞 페이지의 추천 배합으로 만들었다. 반죽기는 스파이럴 믹서를 사용한다.

1단계 반죽

① 믹싱볼에 물 660g을 붓고, 여기에 23g의 소금을 녹인다.

② 밀가루 총 양(1000g)의 30%를 먼저 첨가하고, 날가루가 보이지 않을 때까지 저속으로 믹싱한다.

③ ②의 반죽에 생이스트 4g을 손으로 비벼 반죽에 잘 용해한다.

④ 남은 밀가루의 절반을 넣고, 역시 저속으로 믹싱한다.

⑤ 다시 남은 밀가루를 모두 넣어 저속으로 믹싱한다. (여기까지의 작업 시간은 약 6~8분 걸린다.)

⑥ 고속으로 올려 반죽이 되직한 한 덩어리가 될 때까지 8~10분간 믹싱한다.

완성된 1단계 반죽의 특징

- 반죽은 만져서 끈적이지 않아야 하고, 부드러우면서도 탄력이 있어야 한다.
- 최상의 질감을 갖는 반죽을 얻으려면 밀가루가 흡수할 수 있는 만큼의 물을 넣어주는 것이 아주 중요하다.
- 완성된 반죽을 만져보면 신축성과 부드러움이 함께 있는 촉촉한 반죽을 확인하게 될 것이다.

2단계 반죽

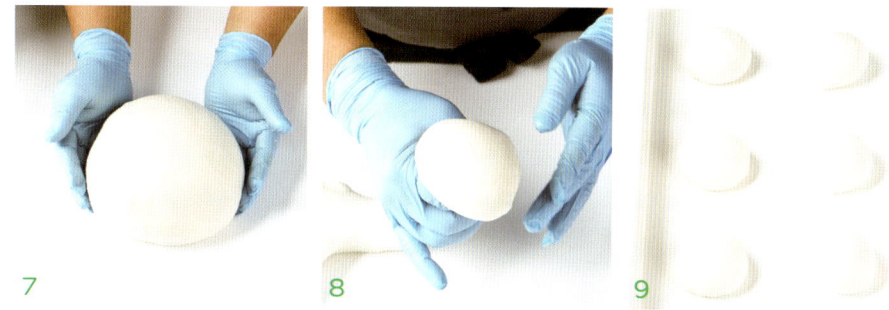

7
8
9

완성된 2단계 반죽의 특징

- 반죽기에서 꺼낸 반죽은 그 모양이 통통하고 촉감이 매끈해야 한다.
- 팽창성은 있지만 탄력적이지는 않은 상태다.

❼ 완성된 1단계 반죽을 작업대 위에 올려 물기가 있는 촉촉한 천으로 30분간 덮어 휴지시킨다. (촉촉한 천으로 덮는 것은 반죽 내부에 있는 수분이 빠져나와 반죽 겉면이 굳어 외피를 형성하지 않도록 하기 위함이다.)

❽ 휴지 시간이 끝나면 모양 만들기 과정에 들어가는데, 이 과정은 반드시 손으로 이루어져야 한다. 먼저 주걱을 사용해 작업대 위의 반죽을 230g으로 분할한 뒤, 작은 공 모양으로 성형한다. 나폴리 전통 기술에서는 이 과정을 모차렐라를 만드는 과정(mozzatura)을 연상시키듯 손으로 빚어낸다. '진정한 나폴리 핏자(Verace Pizza Napoletana)'의 반죽은 개당 180~250g이어야 하며, 이는 AVPN에서 규정한 무게 기준이다.

❾ 공 모양으로 성형이 되면 두 번째 발효는 도우 박스(식품상자)에서 이루어진다.

3단계 발효와 숙성

- 당일 사용하는 반죽이라면 실온에서 1시간 정도 둔다. (보통 6시간 내에 사용할 수 있는 상태가 된다.)
- 내일 사용하는 반죽이라면 실온에서 약 2~4시간 정도 두고 냉장고에 보관하며 사용해야 한다.
- 저온 숙성을 위해 반죽은 도우 박스에 담아 즉시 5℃ 냉장고에 넣는다. 이렇게 하면 48~72시간이 지난 뒤 사용할 수 있으며, 온도 관리가 잘 이루어진다면 최대 10일까지도 보관이 가능하다.

나폴리 반죽의 특징과 허용 범위

나폴리 반죽의 주요 특징은 다음과 같으며, 각 항목에는 ±10%의 허용 범위를 둔다.

- 발효 온도 : 25℃
- 최종 pH : 5.87
- 최종 산도 : 0.14
- 농도 : 0.79g/cc

04. 컨템포러리 반죽 이해하기

2020년대 이후 나폴리와 한국에서도 많은 핏제리아에서 '컨템포러리 핏자(Pizza contemporanea)'를 선보이고 있다. 일반인에게는 다소 낯선 용어일 수 있으나, 이미 어떤 핏제리아에서 맛있다고 먹고 있는 핏자가 사실은 컨템포러리 핏자일 가능성도 있다. 아직 대중적으로 알려지지 않았고 단어 자체가 생소하다 보니, 굳이 '컨템포러리 핏자'라는 이름을 내세우지 않는 경우가 많기 때문이다. (그러나 핏자이올로에게는 큰 관심을 모으는 분야다.)

컨템포러리 핏자는 2000년대 후반 이탈리아에서 발전한 현대적인 핏자 스타일로, 장시간 발효와 고품질 재료, 혁신적인 조리법을 결합하여 기존 핏자를 새롭게 해석한 것이다. 전통적인 스타일을 유지하면서도 현대적인 기술과 창의성을 접목하려는 움직임에서 비롯되었다.

이러한 흐름은 2010년대 초반 이탈리아 남부 카세르타(Caserta) 지역에서 본격적인 인기를 얻기 시작했다. **프랑코 페페(Franco Pepe, Pepe in Grani)**를 비롯해 프란체스코 마르툿치(Francesco Martucci, I Masanielli), 디아나 카르미네(Diana Carmine, Pizzeria Elite Rossi)와 같은 혁신적인 핏자 장인들이 등장하면서 이 지역은 컨템포러리 핏자의 중심지로 주목받았다.

특히 프랑코 페페는 **2012년 'Pepe in Grani'**를 열고 전통적인 나폴리 핏자보다 가벼운 식감, 혁신적인 토핑, 저온 장시간 발효 반죽을 도입하여 나폴리와는 다른 차별화된 스타일로 전 세계 미식가들의 관심을 끌었다.

2017년 이후 'Pepe in Grani'가 세계 최고의 핏제리아로 선정되면서 이러한 스타일은 더욱 주목받게 되었고, 미쉐린 가이드와 다양한 미식 평가 기관이 높은 평가를 내리면서 이탈리아를 넘어 전 세계적으로 확산되었다.

컨템포러리 핏자의 특징

컨템포러리 핏자는 나폴리 전통 핏자처럼 둥근 형태이지만, 지름이 더 작고 바닥이 낮다. 또한 가장자리가 두드러지게 부풀어 오르고 바삭한 식감을 가지며, 발효 반죽 특유의 기공이 뚜렷하게 나타나는 것이 특징이다.

❶ **저온 장시간 발효 반죽** - 최소 24~48시간 이상 저온 발효하여 소화가 잘 되고 더 가벼운 식감을 가지며, 전통적인 나폴리 핏자보다 공기 층이 많고 부드러우면서도 바삭한 크리스트 형성한다.

❷ **고품질 재료 사용** - 유기농 밀가루, 천연 발효종 등을 사용하며 슬로우 푸드 개념을 도입, 현지 특산물과 제철 식자재 등으로 토핑이 다양해졌다.

❸ **코르니초네(Cornicione, 가장자리 도우) 강조** - 도우의 끝부분이 얇고 촉촉한 전통 나폴리 핏자와는 다르게 크고 바삭하면서도 속이 부드럽다.

❹ **새로운 조리법 및 조리 방식 도입** - 듀얼 쿠킹(이중 조리법, 저온에서 먼저 굽고 고온에서 빠르게 마무리하는 방식)이나 컨벡션 오븐, 하이브리드 오븐과 같은 최신 조리 장비의 활용도 가능하다.

클래식 도우와 컨템포러리 도우의 차이점

비고	클래식 도우	컨템포러리 도우
반죽	직접 반죽(본반죽)	본반죽에 사전 반죽 (비가, 풀리시, 오토리즈) 사용
수분율	60~70%	70~80%(진반죽)
염도	보통	강함
숙성	평균 3일	본반죽 후 1시간 이후부터 사용 가능
기간	총 3일	총 2일
용기	도우 박스	개별용기(올리브오일을 코팅해 사용)
덧가루	강력분(00타입)	세몰리나 리마치나타
스크린 망	필요에 따라 사용	사용 필수
사용 열원	450℃ 이상의 화덕 또는 핏자용 데크 오븐	컨벡션오븐 또는 450℃ 이상의 화덕 또는 핏자용 데크 오븐
굽는 시간	60~90초	60~90초
소화효소	숙성에 따라 달라짐	매우 다양함
식감	쫄깃하고 부드러움	쫄깃하고 부드러우면서 바삭함
느낌	보통	가벼움
가장자리 도우	보통	거대한 꼬르니치오네
시각	에어버블이 다량으로 생김	짙은 갈색의 표면
제공	터너	터너가위
반죽 보관	5℃ 이하 냉장 보관 온도에 따라 보관 기간이 달라짐 최대 14일 냉동 보관 가능	5℃ 이하 냉장 보관 온도에 따라 보관 기간이 달라짐 최대 3일 냉동 보관 가능

컨템포러리 핏자를 대표하는 셰프들

❶ 프랑코 페페(Franco Pepe)는 캄파니아 지역의 '페페 인 그라니(Pepe in Grani)'를 운영하며, 세계 최고의 핏자 셰프로 손꼽힌다. 그는 고도의 반죽 기술과 창의적인 토핑으로 유명하며, 대표작으로는 '마르게리타 스바글리아타(Margherita Sbagliata)'가 있다. 1)

❷ 시모네 파도안(Simone Padoan)은 베로나의 '이 틸리(I Tigli)'를 운영하며, 핏자를 하나의 요리로 승화시킨 장인으로 평가받는다. 그는 포카치아 스타일의 도우 위에 고급 식재료를 올리는 독창적인 방식으로 널리 알려져 있다.

❸ 스테파노 칼레가리(Stefano Callegari)는 로마식 컨템포러리 핏자를 발전시킨 인물이다. 그는 핏자와 샌드위치를 결합한 독창적인 하이브리드 메뉴 '트라피찌노(Trapizzino)'를 탄생시켰다. 2)

❹ 지노 소르빌로(Gino Sorbillo)는 나폴리의 '소르빌로(Sorbillo)'를 운영하며, 정통 나폴리 핏자의 전통을 현대적으로 재해석한 대표적 인물이다.

1) 마르게리타 스바글리아타(Margherita Sbagliata)는 일반적인 마르게리타와 달리, 굽기 전에 토마토 소스를 바르는 것이 아니라 핏자를 구운 뒤 차갑게 조리한 토마토 리덕션을 올리는 방식으로 완성한다. 또한 모차렐라 대신 부라타 치즈를 사용하고, 바질 오일로 풍미를 더해 바질의 향을 한층 강조한다. 이러한 조합으로 인해 '전통을 뒤집은 혁신적인 마르게리타'로 평가된다.

2) 트라피찌노(Trapizzino)는 셰프 스테파노 칼레가리(Stefano Callegari)가 2008년 로마에서 처음 선보인 이탈리아식 스트리트 푸드이다. 이름은 트라메찌노(Tramezzino, 이탈리아식 샌드위치)와 핏자(Pizza)를 합성한 것으로, 핏자 반죽을 삼각형 모양으로 구워 갈라낸 뒤 그 안에 이탈리아 전통 요리를 채워 완성한다. 손에 들고 간편하게 즐길 수 있는 이 음식은 전통 요리와 스트리트 푸드의 독창적 결합으로 평가받으며, 로마의 새로운 길거리 음식 혁명으로 불린다. 현재는 이탈리아를 넘어 뉴욕, 도쿄 등 세계 여러 도시로 확산되었다.

까세르타 궁전(Reggia di Caserta)
18세기 보르본 왕조가 세운 유럽 최대 규모의 궁전으로, 유네스코 세계문화유산에 등재되어 있다. 이 궁전이 자리한 까세르타 도시는 테두리가 두툼하게 부풀어 오른 '컨템포러리(일명 까노또) 핏자'가 탄생한 곳으로 알려져 있다.

05. 컨템포러리 반죽을 만들기 위한 3가지 사전 반죽

① 비가(biga)

겉은 바삭하고 속은 쫄깃하면서도 부드러운 컨템포러리 핏자의 비밀은 바로 '비가'라는 사전 반죽에 있다. 비가는 이탈리아의 대표적인 반죽 기법으로, 대표적인 빵인 치아바타(ciabatta)를 만들 때도 사용된다.

Biga의 어원 및 의미

'Biga'라는 단어는 라틴어 'biga'에서 유래했으며, 본래는 두 마리 말이 끄는 이륜 전차를 뜻했다. 이후 '연결된 것, 하나로 묶인 것'이라는 의미로 확장되었고, 이는 반죽과 반죽을 이어주는 현재의 비가 역할과도 닮아 있다.

중세 이탈리아에서는 본반죽(최종 반죽) 전에 미리 만들어 두는 사전 반죽(사전 발효 반죽, pre-ferment)이 널리 사용되었다. 이 사전 반죽은 본반죽과 결합해 글루텐 형성과 풍미를 향상시켰으며, 두 개의 반죽이 연결된다는 의미에서 'Biga'라는 이름이 붙었다는 설이 있다.

비가 반죽 만들기

비가 반죽은 일반적으로 밀가루 양의 50%에 해당하는 물을 넣어 만든다. 밀가루와 물, 소량의 이스트를 섞어 된 반죽을 만든 뒤 본반죽에 사용하기 전에 12~24시간 정도 발효시킨다. 최적의 발효 상태에 이르면 반죽 윗부분이 둥글게 부풀어 오르고, 톡 쏘는 효모 향과 알코올 향이 느껴진다.

비가 반죽의 특징

❶ 비가에는 풍미를 더하는 가스와 젖산균, 다양한 박테리아가 포함되어 있어 본반죽에 첨가하면 빵의 풍미와 촉촉함이 크게 향상된다.

❷ 불규칙한 기공과 가볍게 열린 질감을 필요로 하는 빵에 적합하다.

❸ 빵의 부패를 지연시키고 보존성을 높이는 데 도움을 준다.

비가 반죽 완성 후 　　　실온에 둔 비가 반죽의 효모 활성화 시작 상태　　　비가 반죽 숙성 후
　　　　　　　　　　　(실온 보관 후 냉장고 들어가는 시기)

- **비가에 사용하는 물 온도 계산법**

수온(℃) = 55 - 실내 온도(℃) - 밀가루 온도(℃)

예) 실내 온도가 20℃, 밀가루 온도가 18℃일 경우
　　수온 = 55 - 20 - 18 = 17℃

* 이 공식은 섭씨(℃) 기준으로만 적용된다. 필요하다면 계산된 결과를 화씨(℉)로 변환하여 사용할 수 있다.

- **비가의 이상적인 발효 온도**

비가의 이상적인 발효 온도 범위는 18~19℃이다.

- **단기 발효 비가** (약 16~20시간 발효) : 적정 온도는 약 18℃
- **장기 발효 비가**(36~48시간 발효) : 먼저 4℃의 냉장고에서 약 12~24시간 숙성한 뒤, 마지막 24시간은 18℃에서 발효를 완료한다.

② 풀리시(polish)

폴란드에서 처음 소개 되었지만 프랑스에서 대표적인 반죽 기법으로 사용한다. 프랑스의 다양한 빵을 만들 때 사용하는 사전 반죽이다.

풀리시 반죽 만드는 방법과 특징

풀리시는 일반적으로 밀가루와 물을 1:1 비율로 섞고 소량의 이스트를 넣어 가볍게 혼합하여 만든다. 비가(Biga)에 비해 발효 시간이 짧다는 것이 특징이다.

- 비가에 비해 더 바삭한 식감을 얻을 수 있다.
- 작은 규칙적인 기포(기공)가 형성되며, 약간의 신맛이 나타난다.
- 발효 시간이 짧으며, 이스트의 양에 따라 시간은 달라진다.
- 일반적으로 밀가루 양의 20~40%의 풀리시 반죽을 사용한다.

이스트 양에 따른 풀리시의 발효 시간

풀리시는 사용되는 이스트의 양에 따라 완성 시간이 달라진다. 일반적으로 다음과 같은 기준을 적용한다.

발효 시간	이스트 비율 (생이스트 기준, 밀가루 중량 대비)
약 2시간	3%
약 4시간	1.5%
약 8시간	0.75%
약 12시간	0.2%
약 18시간	0.1%

* 모든 수치는 생이스트(fresh yeast)를 기준으로 하며, 환경 조건에 따라 실제 발효 시간은 달라질 수 있다.

풀리시 반죽의 완성 시점과 물 온도

풀리시는 반죽이 최대 발효 상태에 도달했을 때 준비가 완료된다. 이 시점에서는 표면이 올라가다 멈추고, 그릇 중앙이 약간 꺼지는 모습을 확인할 수 있다.

풀리시에서도 **최종 반죽 온도는 중요한데, 이상적인 온도는 약 23℃**이다. 이 온도를 얻기 위해서는 **사용하는 물의 온도가 핵심 요소**가 된다.

$$\text{사용하는 물의 온도}(℃) = 70 - \text{실내 온도}(℃) - \text{밀가루 온도}(℃)$$

예) 실내 온도 20℃, 밀가루 온도 18℃일 경우
    사용하는 물의 온도 = 70 - 20 - 18 = 32℃

* 이 공식은 섭씨(℃) 기준으로만 적용된다. 필요하다면 결과를 화씨(℉)로 변환하여 사용할 수 있다.

③ 오토리즈(autolyse)

오토리즈는 프랑스의 레이몽 칼벨(Raymond Calvel) 교수가 고안한 기법으로, 비가(Biga)나 풀리시(Poolish)와 달리 이스트를 사용하지 않는 사전 반죽법이다. 밀가루와 물만을 반죽기에 넣어 약 45분간 천천히 섞은 뒤, 15~60분간 휴지시키는 방식으로 진행된다.

이 과정을 통해 글루텐이 활성화되고 가소성이 증가하여 반죽 작업과 성형이 쉬워지는 장점이 있다. 특히 오토리즈는 비가와 함께 사용할 때 가장 효과적인 것으로 알려져 있다.

일반적으로 밀가루 양의 50~70%에 해당하는 물을 넣어 반죽하며, 밀가루와 물만을 섞은 뒤 자가분해 과정을 거쳐 사용한다. 발효 시간이 짧다는 점이 특징이다.

06. 컨템포러리 반죽 레시피 5가지

① 수분율 70% 풀리시 반죽

풀리시 사전 반죽 ◆

물(28℃) 100g

생이스트 7g

강력분 또는 W300 이상의 00타입 밀가루 100g

* 여기에서는 삼양 큐원 강력분을 사용했다.

❶ 투명하고 깊은 용기에 물(28℃)을 넣고 생이스트를 넣어 섞어주며 녹인다.
❷ 밀가루를 넣고 혼합하여 균질한 액체 반죽을 만든다.
❸ 랩으로 덮고 젓가락 등으로 두어 번 구멍을 뚫어 준다.
❹ 실온에서 16시간 동안 발효한다.

최종 반죽

물(실온 상태) 600g

풀리시 사전 반죽◆ 전량

생이스트 1g

강력분 900g

소금 26g

*여기에서는 삼양 큐원 강력분을 사용했다.

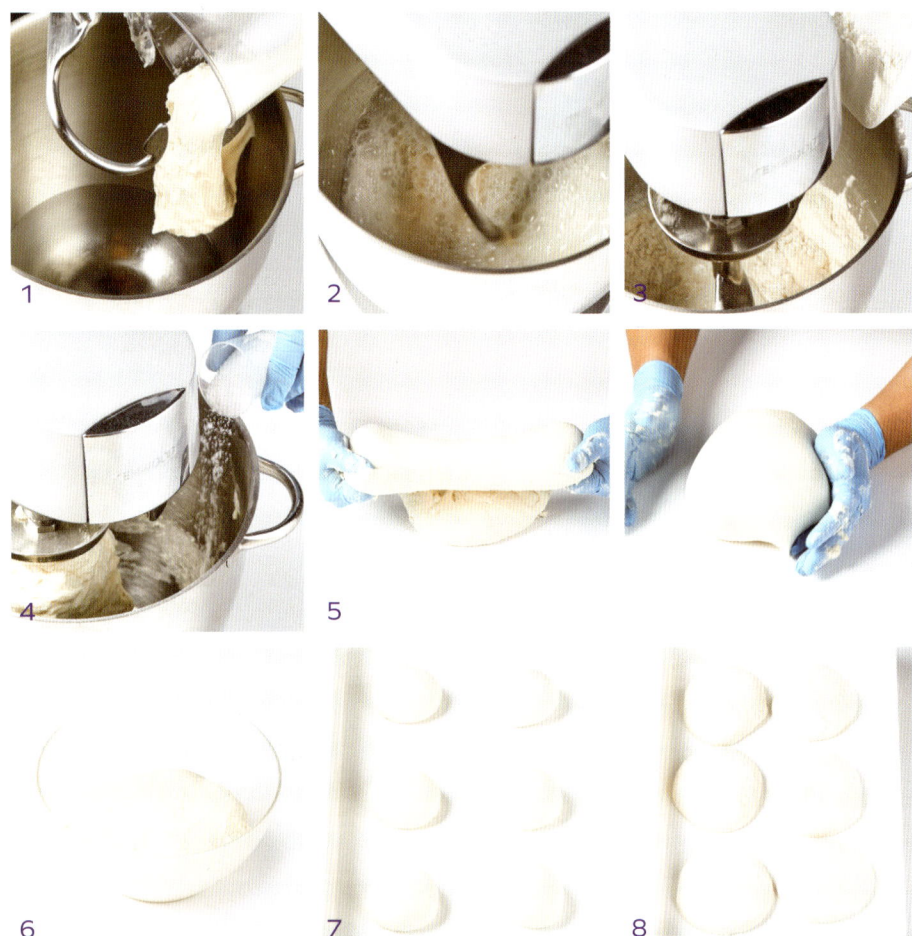

참고

- 핏자로 만들기 약 60분 전 냉장고에서 꺼내둔 후 사용한다. 온도가 높은 주방이나 여름철은 실온에 꺼내지 않고 냉장고에 두고 사용할 수 있다.

- 반죽을 모두 사용하지 않을 경우 계속 실온에 두면 안되기 때문에 사용하고 남은 반죽은 다시 냉장고에 보관하면서 사용한다.

❶ 믹싱볼에 물을 넣고 풀리시 반죽을 완전히 긁어 넣어준다.

❷ 반죽기에 훅을 장착한 후 생이스트를 넣고 가장 낮은 저속으로 혼합을 시작한다.

❸ 밀가루를 점차적으로 추가하면서 계속 섞는다.

❹ 이 과정의 중간쯤에 소금을 추가한 후, 약 15~18분간 믹싱한다.

❺ 반죽 덩어리를 작업대로 옮기고 몇 번 폴딩한 후 둥글게 만든다.

❻ 반죽을 용기로 옮기고 랩핑한 후 실온에서 18~24시간 동안 발효한다.

❼ 시간이 다 되면 반죽을 깨끗한 작업대에 올려놓고 270g으로 분할한 후, 공 모양으로 만들어 도우 박스나 전용 용기에 옮긴다.

❽ 반죽을 냉장고에 2~6시간 동안 넣어두고 사용한다.

② 수분율 72% 풀리시 & 오토리즈 반죽

이 반죽은 풀리시를 4℃에서 16시간 연속 발효시키는 방식이 아니라, 4℃에서 8시간 1차 발효시킨 뒤 오토리즈 반죽과 혼합하여 다시 8시간 발효하는 단계로 진행한다.

풀리시 사전 반죽◆

물(실온 상태) 200g

생이스트 7g

강력분(W380) 200g

* 여기에서는 안티모 카푸토 마니토바 밀가루를 사용했다.

❶ 투병하고 깊은 용기에 물을 넣고 생이스트를 넣어 섞어주며 녹인다.

❷ 밀가루를 넣어 혼합하여 균질한 액체 반죽을 만든다.

❸ 랩으로 덮은 뒤 8시간 냉장고에서 발효한다.

오토리즈 사전 반죽◆

강력분(W290 이하) 800g

물(16℃) 520g

* 여기에서는 삼양 큐원 강력분을 사용했다.

❶ 볼에 밀가루와 물을 넣고 4분 정도 저속으로 믹싱한다.

❷ 모든 가루가 물과 고르게 섞여 날가루가 보이지 않는 되직한 상태가 되면, 반죽은 몇 개의 덩어리로 나뉘어 있게 된다. 이 상태에서 볼의 입구를 랩으로 덮고 실온에서 약 40분간 휴지시킨다.

최종 반죽

풀리시 사전 반죽◆ 전량

오토리즈
사전 반죽◆ 전량

생이스트 8g

소금 25g

❶ 오토리즈 반죽의 휴지 시간 40분이 경과되면 생이스트와 풀리시 반죽의 절반을 믹싱볼에 넣고 저속으로 4분 정도 믹싱한다.

❷ 잘 혼합되면 남은 풀리시 반죽을 모두 넣어 섞어 준다. 최종적으로 수분율 72%의 반죽이 완성된다.

❸ 소금을 넣어 준 후 고속으로 10분간 잘 혼합되도록 한다.

❹ 반죽을 볼에 옮겨 담은 후 랩을 덮고 1시간 정도 실온에 둔 후 4℃의 냉장고에 넣어 8시간 동안 발효한다.

❺ 반죽을 몇 번 폴딩하여 모양을 잡아 주고 표면에 오일을 바른 다음 10분간 휴지시킨다.

❻ 반죽을 270g으로 분할한 후 둥근 공 모양으로 만들어 준다.

❼ 실온에 1시간 둔 후 냉장고로 옮겨 4시간 숙성해 사용한다.

비가 100% 컨템포러리
반죽 영상

③ 수분율 75% 단기 비가 100% 반죽

이 반죽은 다른 반죽에 비해 공정이 단순하고 편리하며, 기공이 잘 형성된다. 또한 도우 겉면이 바삭해 식감이 뛰어나 가장 추천하는 방법이다.

* 이 반죽은 일반적으로 가장 많이 쓰이는 반죽법이며, 이 책에 소개한 컨템포러리 핏자는 모두 이 반죽을 이용해 촬영하였다.

단기 비가 반죽◆

물(실온 상태) 500g

생이스트 7g

강력분(W260~290) 1000g

* 여기에서는 삼양 큐원 강력분을 사용했다.

❶ 투명하고 깊은 용기에 물을 넣고 생이스트를 넣어 섞어주며 녹인다.

❷ 큰 사각통에 밀가루를 넣고 ❶을 조금씩 넣어주며 주걱으로 잘 저어 혼합한 다음, 반죽의 일부를 손으로 반죽을 쥐었다 폈다 하면서 작은 덩어리로 뭉치게 작업한다. (중요한 것은 날가루가 보이지 않도록 최대한 균질하게 이어가는 것이다. 가정용 반죽기를 이용해도 되며, 1kg 이상의 반죽일 경우 스파이럴 반죽기를 이용하는 것이 좋다. 비가 혼합시간은 3~5분 정도 소요된다.)

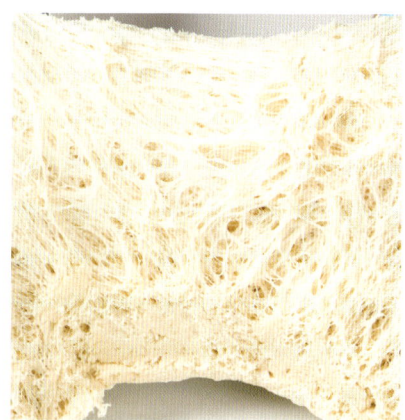

❸ 완성된 비가 반죽은 사각통 바닥에 평평하게 눌러 담은 뒤 랩을 씌우고 뚜껑을 덮는다. 이후 실온에서 1~2시간 1차 발효를 거친 후 냉장고로 옮겨 16~22시간 동안 발효한다.

❹ 발효가 완료되면 통을 뒤집어 반죽이 자연스럽게 떨어질 수 있도록 한다.

❺ 발효가 완료된 비가의 상태

참고

- 겨울의 경우 실내 온도가 평균 16℃ 이하라면 약 16~24시간 발효한다.

- 여름의 경우 실온에 두었을 때 반죽이 약 1.2배로 부풀면 냉장고에 넣고 16시간~24시간 발효한다.

- 기계 반죽을 할 경우 가장 저속에서 날가루가 보이지 않을 때까지만 믹싱해야 한다. 아마도 3~5분이면 날가루가 보이지 않고 균질하게 섞일 것이다.

- 클래식한 비가는 보통 반죽 작업을 최소화하는 것이 일반적이지만, 이 경우에는 약 5분간 선반죽(pre-impasto)을 진행한다. 이렇게 만든 반죽은 손으로 뜯었을 때 탄성이 없이 쉽게 찢어진다. 완성된 비가 반죽은 볼에 담아 랩을 덮은 뒤 냉장고에서 24시간 휴지시킨다.

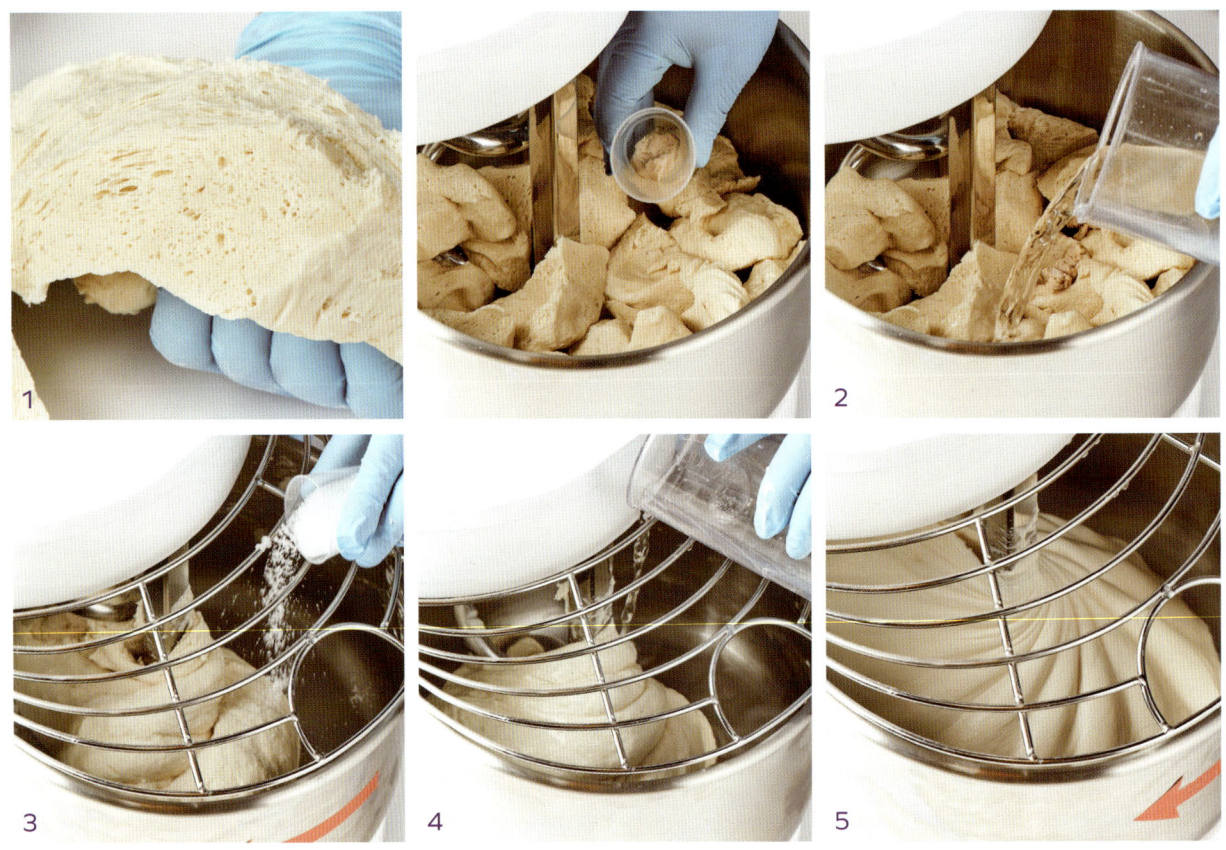

최종 반죽

단기 비가 반죽◆ 전량

생이스트 4g

물(차가운 상태) 250g

소금 29g

❶ 비가를 절단하면 발효종(lievito madre)과 비슷한 모습을 보인다. 이렇게 잘라낸 비가를 믹싱볼에 넣고, 생이스트를 잘게 부수어 함께 넣어준다.

❷ 생이스트가 녹을 수 있도록 물을 50g 정도 넣고 반죽기를 저속으로 가동한다. 물을 거의 다 흡수하면 계속해서 조금씩 물을 첨가해 수화시켜 준다.

❸ 약 6~7분 후 소금을 넣고, 고속으로 빠르게 작동한다.

❹ 스파이럴 믹서 기준 총 16~18분 믹싱을 진행하는데, 최종 2~3분을 남기고 남은 물을 전부 소진한다.

❺ 반죽 표면에 공기 방울이 피어오르고 '딱딱' 터지는 소리가 들리면, 작업의 마무리 단계에 도달한 것이다.

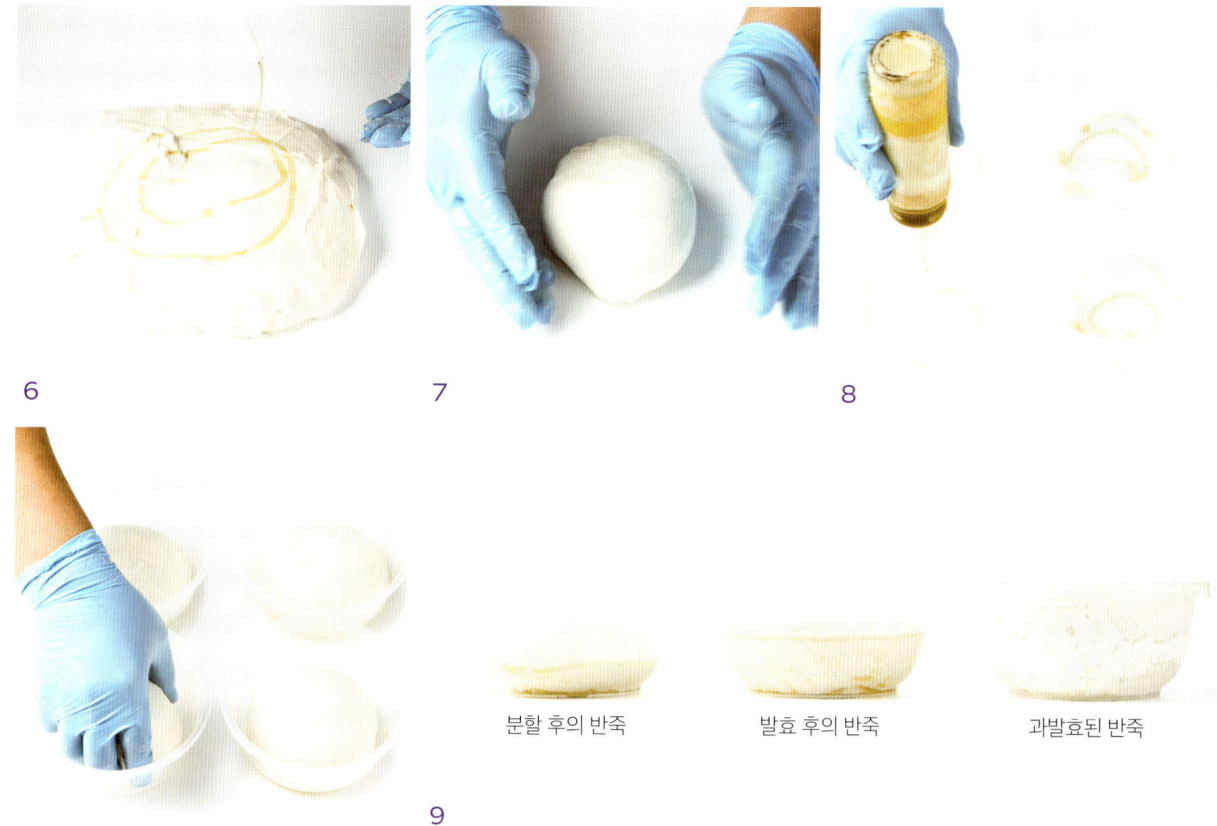

분할 후의 반죽 발효 후의 반죽 과발효된 반죽

❻ 완성된 반죽을 작업대 위에 꺼낸 뒤, 마르지 않도록 표면에 오일을 바르고 휴지시킨다. 이때 반죽이 매우 잘 늘어난다면 성공적으로 만들어진 것이다. 이후 반죽을 몇 차례 폴딩한다.

❼ 반죽을 270g으로 분할한 뒤 둥근 공 모양으로 성형한다. 이 과정은 수분 함량이 높아 쉽게 들러붙을 수 있으므로 매우 신속하게 진행해야 한다. (손에 오일을 묻힌 상태에서 분할 작업을 하는 것이 좋다.)

❽ 개별 용기에 올리브오일을 바르고 도우를 넣은 후 뚜껑을 덮고 발효한다.

❾ 발효된 반죽의 상태

참고

- 공 모양 작업이 어려운 경우, 가정에서는 밀가루를 작업대에 뿌리고 떼어낸 반죽을 올린다. 그런 다음 반죽 사방의 끝을 잡아 올려 접으면서 공 모양을 완성한다. 물론 밀가루 없이 하는 것이 더 좋다.

- 반죽을 오늘 사용할 것이라면 실온에서 1시간 휴지한 다음 바로 냉장 보관해 사용할 수 있다. 다음 날 사용 할 것이라면 즉시 냉장고에 보관하고 최대 3일간 사용 가능하다.

④ 수분율 75% 장기 비가 100% 반죽

이 반죽은 수분율 75%의 장기 비가 100% 반죽으로, 깊은 풍미와 촉촉한 질감을 동시에 살릴 수 있는 방식이다. 장시간의 발효 과정에서 자연스럽게 형성된 향과 부드러운 식감은 핏자의 매력을 극대화시킨다.

*본 레시피는 앞서 소개한 단기 비가 반죽과 만드는 과정이 거의 동일하다. 다만 이 부분에는 과정 사진이 포함되지 않으므로, 앞 페이지의 단기 비가 반죽 사진을 함께 참고하면 이해에 도움이 된다.

장기 비가 반죽◆

물(실온 상태) 450g
생이스트 3g
강력분(W300 0타입) 1000g

*여기에서는 삼양 큐원 강력분을 사용했다.

최종 반죽

장기 비가 반죽◆ 전량
생이스트 5g
물(차가운 상태) 300g
소금 27g

❶ 비가 준비

준비된 물에 생이스트를 잘 녹인다. 큰 사각 통에 밀가루와 함께 넣어 주걱으로 저어 섞은 뒤 손으로 반죽을 이어간다. 모든 액체가 흡수되었는지 확인한 후, 손으로 반죽을 꽉 쥐었다가 놓는 동작을 반복해 밀가루가 고르게 뭉치도록 한다. 바닥에 남은 작은 덩어리도 손으로 눌러 단단히 붙인다. 완성된 비가 반죽은 용기에 담아 랩으로 덮는다.

❷ 비가 발효

비가 반죽이 담긴 통을 실온(20℃ 기준)에서 약 2시간 두었다가 냉장고로 옮겨 72시간 발효시킨다. 이 레시피는 발효 시간이 길기 때문에 생이스트 사용량이 일반 레시피보다 훨씬 적다. 발효 시간이 길어질수록 생이스트의 양을 줄일 수 있다.

❸ 최종 반죽 준비

발효가 끝난 비가 반죽을 적당한 크기로 잘라 믹싱볼에 넣는다. 생이스트를 잘게 부수어 함께 넣고 물 50g 정도를 첨가한다. 저속으로 2~4분간 작동해 생이스트가 물과 함께 반죽에 잘 섞이도록 한다.

❹ 반죽 진행

앞 단계에서 물 50g을 넣어 수분 함량은 약 50%가 된다. 이 단계에서는 글루텐 형성이 우선이므로, 초반에 글루텐이 안정적으로 형성되면 이후에는 수분을 조금씩 추가해도 반죽이 흡수할 수 있다. 속도를 높여 반죽을 이어가며 볼 표면이 깨끗해질 때까지 작업한다.

❺ 소금 첨가

반죽 중심부에 소금을 넣고, 남겨둔 소량의 물을 조금씩 첨가하며 반죽을 이어간다. 일반적으로 수분 함량 70%의 반죽은 다루기 어렵기 때문에 72%를 넘지 않도록 한다. 이 반죽은 글루텐이 잘 형성되었지만 매우 끈적이고 다루기 힘들어 능숙한 손놀림이 필요하다.

❻ 휴지

마지막 소량의 물을 넣고 저속으로 돌려 반죽을 마무리한 후, 볼에서 5분간 휴지시킨다. 손에 오일을 바른 뒤 반죽을 꺼내 나무 작업대 위로 옮기고, 몇 차례 폴딩하여 모양을 잡는다. 표면에 오일을 바른 뒤 30분간 휴지시킨다.

❼ 성형

반죽을 270g으로 분할한 후 둥근 공 모양으로 성형한다. 수분 함량이 높아 쉽게 들러붙을 수 있으므로 작업은 신속하게 진행해야 한다. (손에 오일을 묻히면 수월하다.)

❽ 발효

성형된 반죽은 실온(약 20℃)에서 1~3시간 발효시킨 뒤, 발효가 진행되기 시작하면 냉장고로 옮겨 보관한다. 완성된 반죽은 3일 이내 사용하는 것이 좋다.

⑤ 수분율 80% 비가 & 오토리즈 반죽

높은 수분율의 반죽으로 비가 50%와 오토리즈50%를 사용한다.

비가 사전 반죽◆

물(실온 상태) 250g

생이스트 5g

강력분 또는
마니토바 밀가루 500g

* 여기에서는 삼양 큐원
  강력분을 사용했다.

1 2 3

❶ 투명하고 깊은 용기에 물을 넣고 생이스트를 넣어 섞어주며 녹인다.

❷ 믹싱볼에 밀가루를 넣고 ❶을 조금씩 넣어주며 주걱으로 잘 저어 혼합한 다음, 반죽의 일부를 손으로 쥐었다 폈다 하면서 작은 덩어리로 뭉치게 작업한다. 중요한 것은 날가루가 보이지 않도록 최대한 균질하게 이어가는 것이다. 가정용 반죽기를 이용해도 되며, 양이 많아질 경우 스파이럴 반죽기를 이용해도 된다. 비가 혼합 시간은 3~5분 정도 소요된다.

❸ 완성된 비가는 랩을 씌우고 발효한다.

참고

- 겨울의 경우 실내 온도가 평균 16℃ 이하라면 약 16~24 시간 발효한다.
- 여름의 경우 실온에 두었을 때 반죽이 약 1.2배로 부풀면 냉장고에 넣고 16시간~24시간 발효한다.
- 기계 반죽을 할 경우 가장 저속에서 날가루가 보이지 않을 때까지만 믹싱해야 한다. 아마도 3~5분이면 날가루가 보이지 않고 균질하게 섞일 것이다.
- 클래식한 비가는 보통 반죽 작업을 최소화하는 것이 일반적이지만, 이 경우에는 약 5분간 선반죽(pre-impasto)을 진행한다. 이렇게 만든 반죽은 손으로 뜯었을 때 탄성이 없이 쉽게 찢어진다. 완성된 비가 반죽은 볼에 담아 랩을 덮은 뒤 냉장고에서 24시간 휴지시킨다.

오토리즈 사전 반죽 ◆

강력분 500g

물(실온 상태) 250g

*여기에서는 삼양 큐원 강력분을 사용했다.

1

2

3

❶ 믹싱볼에 밀가루를 넣고 물을 조금씩 넣어가며 믹싱한다.

❷ 어느 정도 반죽이 되면 믹싱볼 바닥에 밀가루가 남아 있을 확률이 높다. 이때는 작업대로 옮겨 손으로 잘 혼합해 마무리한다.

❸ 작업대 위에서 반죽이 하나로 뭉치도록 손으로 가볍게 치댄 후, 다시 볼에 담아 랩을 씌우고 냉장고에서 40분간 휴지시킨다. 오토리즈의 특성상 이 단계에서는 글루텐이 형성되지 않아야 한다. 매끈하게 완성된 반죽이 아니라 거칠어 보이는 상태여야 하며, 30~40분이 지나면 반죽은 자연스럽게 확장성과 견고성을 갖추게 된다.

최종 반죽

오토리즈 사전 반죽◆ 전량

비가 사전 반죽◆ 전량

생이스트 1g

물(차가운 상태) 300g

소금 25g

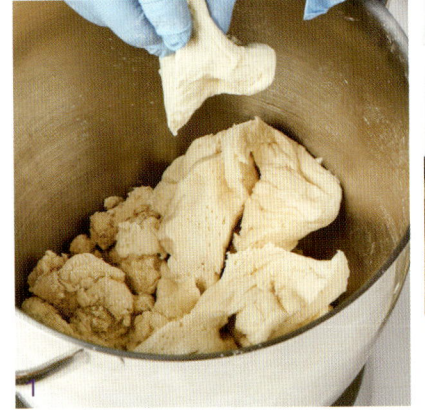

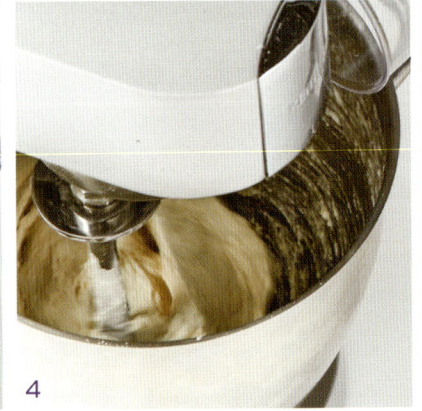

① 오토리즈 반죽이 들어 있는 믹싱볼을 냉장고에서 꺼내 반죽기에 장착한다. 여기에 비가를 작은 덩어리로 잘라 넣고 생이스트를 넣는다.

② 물 300g 가운데 약 50g을 먼저 볼에 넣고 가볍게 믹싱을 시작한다. 전체 반죽 시간은 약 16~18분이 걸린다. (물은 비가 반죽에 250g, 오토리즈 반죽에 250g이 사용되어 총 500g이 들어갔다. 최종 반죽에서 물 300g을 더해졌으므로 총 800g이 되어 수분율은 80%가 된다.)

③ 물이 모두 반죽에 흡수되면, 남은 물을 조금씩 나누어 넣으며 충분히 수화시킨다. (물을 한꺼번에 많이 부으면 수화가 고르게 이루어지지 않아 반죽에 멍울이 생길 수 있으므로 주의해야 한다.)

④ 반죽 시작 약 5~6분 후 소금을 넣는다. 지속적으로 남은 물을 조금씩 넣어가면서 믹싱한다. 반죽을 시작한지 약 8분이 경과되면 고속으로 올려 반죽을 충분히 믹싱한다.

⑤ 반죽을 시작한지 약 15분이 되었을 때 글루텐이 충분히 형성되어 반죽이 잘 펼쳐지는 상태가 되면, 저속으로 낮춰 약 3분간 더 가동해 마무리한다.

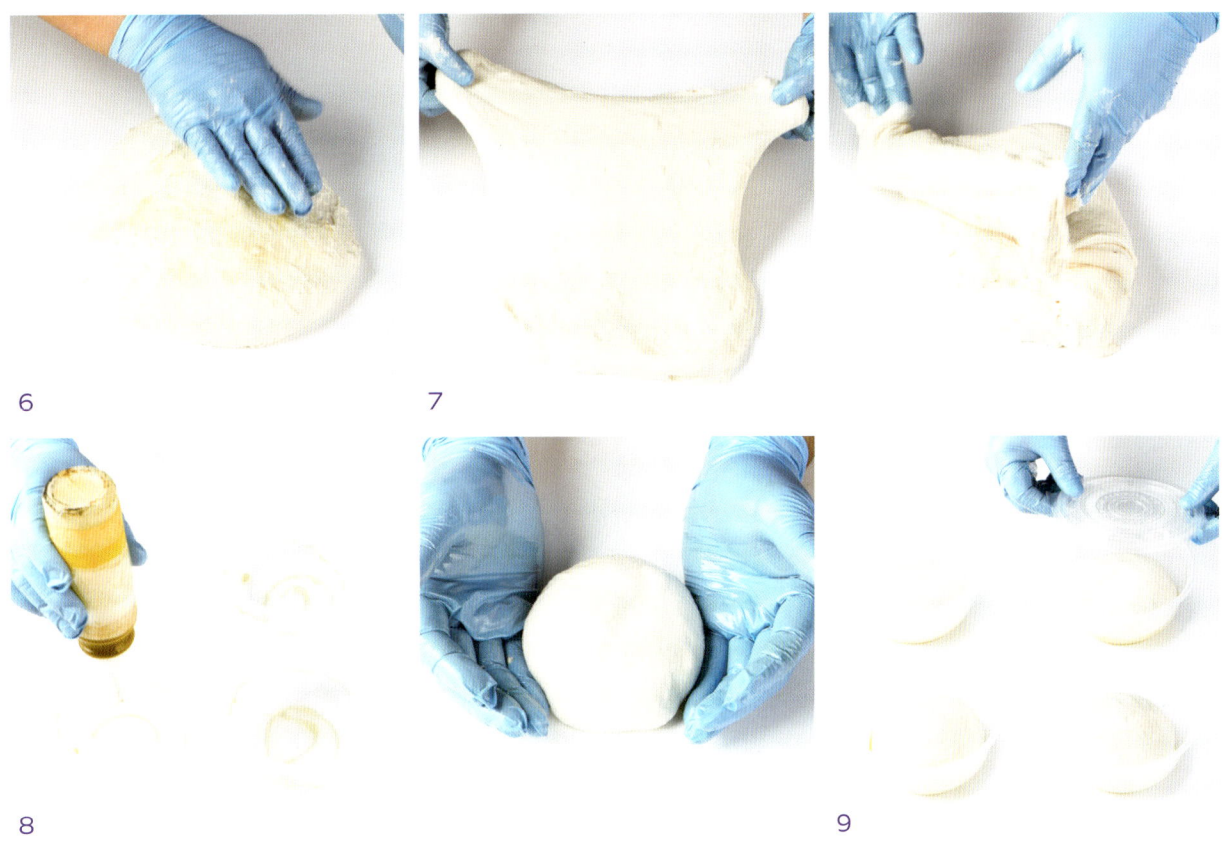

6 올리브오일을 손에 바르고 반죽을 작업대 위로 옮겨 15분 정도 휴지시킨다.

7 2~3번 정도 폴딩 작업을 한다.

8 손과 작업대 그리고 개별 용기에 올리브오일을 바르고 반죽을 270g으로 분할한 후 공 모양으로 만든다.

9 반죽을 개별 용기에 담아 뚜껑을 덮는다. 당일 사용할 경우에는 담을 때 반죽의 높이를 확인해 두었다가 약 1.3배 정도 부풀면 사용한다. 사용하지 않더라도 이 시점부터는 발효가 계속 진행되므로 즉시 냉장고에 넣어야 한다. 다음 날 사용할 예정이라면 처음부터 냉장고에 보관하는 것이 좋다.

PART 7

도우 성형

PIZZA DOUGH

01. 진정한 나폴리 핏자의 성형 과정

- 발효가 완료된 공 모양의 반죽을 주걱으로 상자에서 꺼내어 작업대에 올린다. 이때 작업대에는 밀가루를 가볍게 뿌려 반죽이 달라붙지 않도록 준비한다.

- 두 손가락으로 반죽을 중앙에서 바깥쪽으로 누르며 펼치고, 여러 차례 뒤집어가며 원형을 만들어 간다.

- 반죽의 중앙 두께는 허용 범위 ±10% 이내에서 0.4cm를 넘지 않아야 하며, 가장자리 둘레는 1~2cm를 넘지 않도록 액자 형태로 성형한다.

- 손으로 성형하는 과정에서 반죽 안에 고루 분포된 기포가 바깥쪽으로 이동하여 가장자리 부분이 더욱 부풀어 오른다.

- 이러한 성형 과정을 통해 구워낸 핏자는 액자 모양을 가지게 되는데, 이는 진정한 나폴리 핏자(Verace Pizza Napoletana)의 전형적인 특징이다.

※ 진정한 나폴리 핏자(Verace Pizza Napoletana)를 만들 때에는 밀방망이나 원형 성형 압착 기계 등의 도구 사용이 절대 허용되지 않는다.

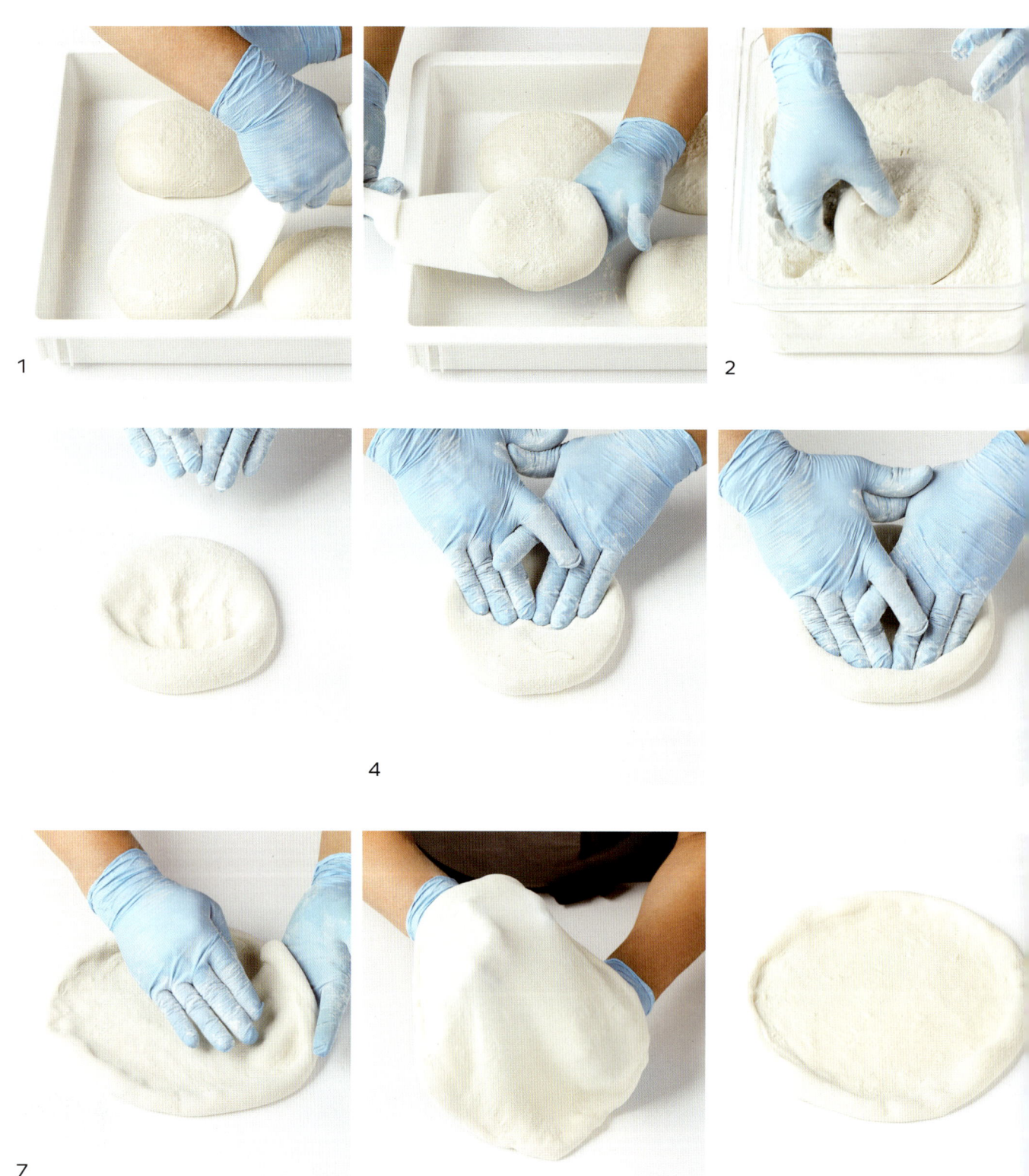

 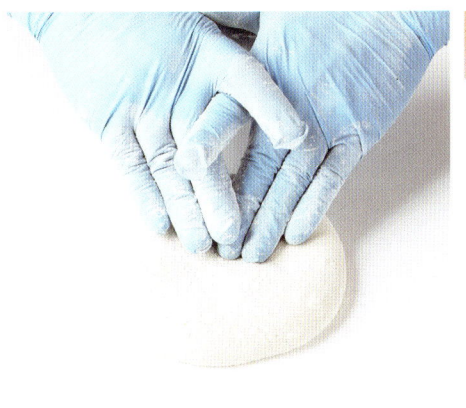 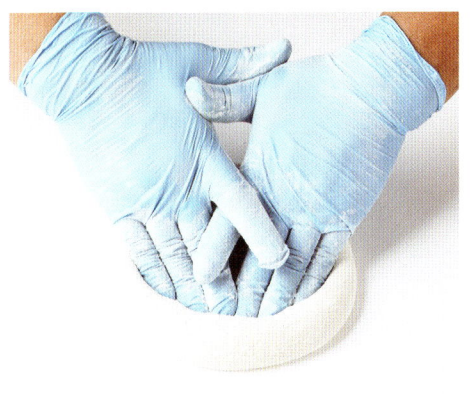

3

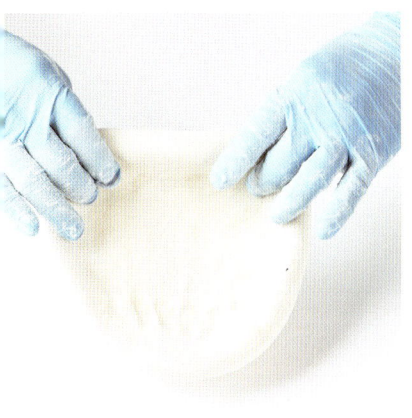  

6

나폴리 핏자 반죽(230g) 1개

❶ 반죽을 도우 박스에서 떼어낸다.

❷ 반죽에 덧가루(강력분)를 충분히 묻힌다.

❸ 작업대 위에서 두 손의 손가락을 교차하여 반죽의 중심부에서 윗쪽으로 점차 넓혀가며 가장자리 부분만 남기고 반죽을 확장시킨다.

❹ 반죽을 다시 뒤집은 후 같은 방법으로 반죽의 중심부에서 윗쪽으로 점차 넓혀가며 가장자리 부분만 남기고 반죽을 확장시킨다.

❺ 반죽을 다시 뒤집은 후 중심 부분을 균질한 두께로 다시 한 번 균형 있게 둥글게 눌러준다.

❻ 오른손 손바닥을 반죽 위에 올린다. 왼손으로는 반죽의 왼쪽 가장자리를 잡는다. 이후 양손을 동시에 부채를 펴듯 벌리면서 오른손을 뒤집어 손바닥이 위를 향하도록 한다. 이때 왼손으로 늘린 반죽을 오른손 위로 올리며 약 90° 시계 반대 방향으로 돌린다. 마지막 순간에는 왼손을 바닥 쪽으로 내려 반죽을 받쳐 주어야 한다.

❼ 이것을 원하는 크기까지 반복해서 균질하게 늘려주어야 한다.

• 연습이 가장 중요하다.

02. 컨템포러리 핏자 도우 성형

- 반죽 펴기 기술은 컨템포러리(까노또) 스타일 핏자의 핵심이다. 반죽은 공기로 가득 차 있으며, 이 공기를 누르지 않고 껍질 부분으로 이동시키는 것이 목표이다. 이를 통해 전형적인 까노또, 즉 '배 모양'의 형태가 만들어진다.

- 이를 위해 손가락을 사용하여 공기를 껍질 쪽으로 굴리듯이 밀어내야 한다. 반죽 내부의 공기가 가장자리로 이동하는 과정을 직접 느끼는 것이 중요하다.

- 공기가 모두 가장자리에 모여 갇혔다면, 이제 반죽을 원하는 크기로 늘린다. 손가락 관절 위로 반죽을 조심스럽게 당기며 부드럽게 늘려야 하며, 이때 공기로 채워진 가장자리 반죽이 터지지 않도록 주의해야 한다.

- 마지막으로, 토핑을 올린 뒤 450℃로 예열된 핏자 오븐에서 60~90초간 굽는다.

1

2

4

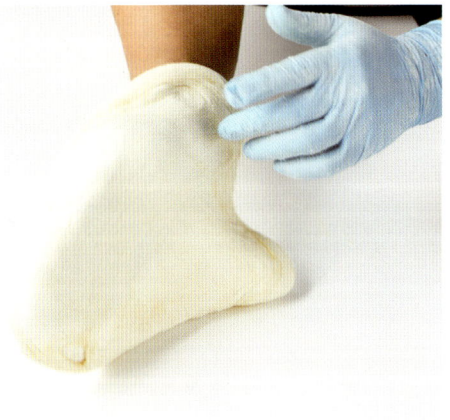

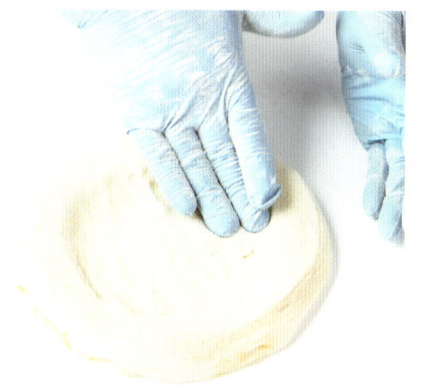

핏자 도우 성형 영상

컨템포러리 반죽(270g) 1개

❶ 개별 용기에 담긴 반죽의 뚜껑을 제거한 후 힘 있게 용기 뒷면을 잡고 덧가루(세몰리나) 위에 떨어뜨린다.

❷ 앞뒤로 덧가루를 충분히 묻힌 후 그대로 가장자리 도우만 남기고 중심 부위의 모든 면을 고르게 눌러준다.

❸ 반죽에 묻은 덧가루를 털어내면서 작업대 위로 반죽을 옮긴다.

❹ 나폴리식 반죽 펴기 방법에 준하여 원하는 크기로 늘려준다.

- 본 페이지 상단의 영상을 참고한다.
- 연습이 가장 중요하다.

03. 토핑 올리기와 굽기

굽기 과정은 숙성되고 잘 부풀어진 반죽을 최종적으로 확인하는 단계라 할 수 있다. 앞서 진행된 과정들은 오븐의 열에 의해 서서히 완성되며, 반죽은 더 높은 수준으로 변화하여 결과물로 이어진다.

구워지는 과정

① 오븐에 들어간 핏자는 곧바로 약 40℃에 도달한다.
② 이 온도에서 효모는 최대한 활발히 활동한다.
③ 이후 온도가 더 올라가면 효모는 사멸하여 활동을 멈춘다.
④ 반죽은 눈에 띄게 부풀어 오르고 수분 증발이 시작되며, 가스가 흩어지면서 발효가 멈춘다.
⑤ 80~90℃에서 반죽은 수분 증발로 단단해지고, 당 성분의 캐러멜화가 일어나 겉면이 갈색으로 변한다.
⑥ 핏자의 가장자리가 일정하게 노릇하게 익고, 내부에 크고 규칙적인 기공이 형성된다. 바닥이 과도하게 겹치지 않았다면 올바른 작업이 이루어진 것이다.

잘못된 부풀리기(lievitazione)의 사례

① 반죽이 질기고 치대기 어렵거나 쉽게 찢어지는 경우
　→ 지나치게 W가 높은 강력분을 사용했음을 의미한다.

② 반죽이 물렁거리거나 끈적이는 경우
　→ 물 사용량과 관계없이 W가 너무 낮은 밀가루를 사용했거나, 아밀라아제 활성도가 지나치게 높은 밀가루를 사용했을 가능성이 크다.

③ 부풀리기가 이루어지지 않은 경우
　→ 소금이나 물의 과다 사용으로 효모가 비활성화되었거나 충분히 활성화되지 못한 것이 원인이다.

굽기 과정

화덕에서
핏자 굽기 영상

❶ 원하는 소스와 1차 양념 토핑

❷ 반죽 최종 늘리기 작접

❸ 팔라(삽)로 옮기기

❹ 화덕 안으로 넣기

❺ 굽기 약 30초 후 180℃ 패들링

❻ 굽기 약 45~55초 경과 때(에어 버블과 바닥 확인) 고르게 익혀진 바삭한 겉면과 색 확인 (이 모든 과정을 90초 이내에 완료)

❼ 화덕에서 꺼내기

❽ 2차 토핑 재료 올려 마무리

PART 8

핏자 레시피
(클래식 & 컨템포러리)

PIZZA — RECIPES

본격적인 핏자 레시피에 들어가기에 앞서

❶ 실제 촬영한 핏자에 해당하는 반죽 아이콘에 √ 표시를 했다.

❷ 토마토 소스를 사용한 핏자는 Rosso, 그렇지 않은 핏자는 Bianco에 √ 표시를 했다.

❸ 이 책의 모든 핏자는 화덕 오븐과 핏자 전용 데크 오븐에서 구울 수 있으며, 컨템포러리 반죽으로 만드는 핏자는 컨벡션 오븐으로도 구울 수 있다.

❹ 모든 핏자 레시피는 클래식 나폴리 반죽(114p) 또는 5가지 컨템포러리 반죽(124~137p) 중 선택해 만든다.

　* 나폴리 반죽은 보통 개당 160~250g으로 사용하며, 이 책에서는 230g으로 사용했다.

　* 컨템포러리 반죽은 보통 개당 250~300g으로 사용하며, 이 책에서는 270g으로 사용했다.

　* 덧가루의 경우 클래식 나폴리 반죽은 일반 강력분을, 컨템포러리 반죽은 세몰리나 리마치나타를 사용한다.

❺ 토마토 소스 레시피는 78p를 참고한다.

❻❼ 1차 토핑 재료는 반죽을 편 후 굽기 전 토핑하는 모든 재료와 양념을 말하며, 2차 토핑 재료는 화덕에 구운 후 추가로 올려지는 모든 재료와 양념을 말한다.

❽ 반죽을 펴는 방법은 146p를 참고한다.

❾ 후자 늘리기 방법은 148p를 참고한다.

❿ 화덕에 굽는 방법은 148p를 참고한다.

가정용 데크 오븐, 컨벡션 오븐으로 나폴리 핏자 만들기

클래식 나폴리 핏자 반죽은 원래 400℃ 이상의 열원을 지닌 데크 오븐이나 벽돌 화덕에서 60~90초 이내에 구워내는 것이 가장 이상적이다. 그러나 가정이나 소규모 카페에서는 벽돌 화덕을 갖추기 어렵기 때문에, 일반적으로 전기 데크 오븐이나 컨벡션 오븐을 사용한다. 따라서 이들 오븐으로 클래식 나폴리 핏자와 동일한 품질을 구현하기란 현실적으로 쉽지 않다.

그렇다고 해서 방법이 전혀 없는 것은 아니다. 최대한 그에 가까운 맛과 질감을 낼 수 있는 길이 있다. 이 책에서는 두 가지 반죽법을 소개한다. 첫째는 클래식 나폴리 핏자 반죽이고, 둘째는 컨템포러리 핏자 반죽이다. 가정이나 카페에서 핏자를 가장 맛있게 만들고자 한다면 컨템포러리 반죽을 권한다. 수분율이 높은 이 반죽은 숙성을 거치면서 다양한 효소 활동이 이루어지고, 소화되기 쉬운 형태로 변한다. 덕분에 벽돌 화덕처럼 480℃의 고온이 아니더라도 노릇하고 바삭하면서도 촉촉한 핏자를 구워낼 수 있다.

무엇보다 중요한 점은 차분히 계획을 세우고 여러 차례 시도해보는 것이다. 반복할수록 이유를 이해하게 되고, 어떤 방법으로 구워야 핏자가 더욱 맛있고 부드럽게 완성되는지 스스로 깨닫게 된다. 이러한 과정은 글로만 전하기에는 한계가 있으며, 독자마다 이해도와 경험이 달라 차이가 생길 수 있다. 결국 직접 시도하고 경험을 축적하는 것이 가장 확실한 배움의 길이다.

Pizzette
핏제떼

핏제떼(Pizzette)는 이탈리아어로 '작은 핏자'를 뜻하며, 영어로는 '미니 피자(Mini Pizza)'로 표기할 수 있다. 핑거푸드, 스트리트 푸드, 리셉션 파티, 케이터링 등 다양한 자리에서 가볍게 손에 들고 즐길 수 있는 전통 이탈리아식 핏자로, 일반 핏자보다 크기가 작아 한 손에 들고 먹기 편하다.

반죽

나폴리 핏자 반죽
30g × 15개

1차 토핑 재료

마르게리타 핏제떼
토마토 소스	150g
모차렐라 부팔라	400g
바질잎	30g
엑스트라버진 올리브오일	적당량

페스토 핏제떼
바질 페스토	70g
튀긴 알감자	적당량
대추방울토마토 슬라이스	적당량
바질잎	적당량
엑스트라버진 올리브오일	적당량

루꼴라 핏제떼
토마토 소스	150g
피오르 디 라테 (소젖 모차렐라)	120g
엑스트라버진 올리브오일	약간
소금	약간

2차 토핑 재료

마르게리타 핏제떼
엑스트라버진 올리브오일	적당량

페스토 핏제떼
엑스트라버진 올리브오일	적당량

루꼴라 핏제떼
베이비 루꼴라	30g
파르미지아노 레지아노 치즈 가루	약간
엑스트라버진 올리브오일	적당량

만드는 방법

마르게리타 핏제떼

❶ 반죽의 중심을 눌러 반죽을 펴준다.

❷ 토마토 소스를 바른다.

❸ 모차렐라 부팔라를 손으로 뜯어 몇 조각 올린다.

❹ 바질잎을 올린 후 올리브오일을 살짝 뿌려 오븐에 구워낸다.

❺ 올리브오일을 뿌려 제공한다.

페스토 핏제떼

❶ 반죽의 중심을 눌러 반죽을 펴준다.

❷ 바질 페스토를 바른다.

❸ 튀긴 알감자와 대추방울토마토 슬라이스를 올린다.

❹ 바질잎을 올린 후 올리브오일을 살짝 뿌려 오븐에 구워낸다.

❺ 올리브오일을 뿌려 제공한다.

루꼴라 핏제떼

❶ 반죽의 중심을 눌러 반죽을 펴준다.

❷ 토마토 소스를 바른다.

❸ 피오르 디 라테를 올린다.

❹ 올리브오일과 약간의 소금을 뿌린 후 오븐에 구워낸다.

❺ 베이비 루꼴라와 파르미지아노 레지아노 치즈 가루로 양념한 후 올리브오일을 뿌려 제공한다.

페스토 핏제떼　　마르게리타 핏제떼　　루꼴라 핏제떼

Panuozzo Napoletano
파누오쪼 나폴레타노

파누오쪼의 기원은 듀럼밀 산지로 유명한 나폴리 인근의 그라냐뇨(Gragnano)다. 원래 이름은 'Panuozzo di Gragnano'이지만, 나폴리의 핏제리아에서 핏자 반죽을 활용해 만들기 시작하면서 점차 알려졌고, 오늘날에는 '나폴리 파누오쪼'라 불린다. 캄파니아주의 전형적인 음식이지만 다른 지역에서는 아직 크게 알려지지 않았고, 한국에는 필자가 일꾸오꼬 알마의 교육 과정에서 소개하면서부터 점차 알려지기 시작했다. 파누오쪼는 화덕에서 두 번 구워 완성하는 메뉴로, 핏자 도우로 만들며 반드시 핏자 화덕에서 구워야 제 맛을 낼 수 있다.

반죽

나폴리 핏자 반죽	125g

1차 토핑 재료

피오르 디 라테 (소젖 모차렐라)	80g

2차 토핑 재료

모차렐라 부팔라	80g
와일드 루꼴라	40g
다테리노 방울토마토	3알
엑스트라버진 올리브오일	적당량
파르미지아노 레지아노 치즈 가루	10g
소금과 후추	약간

만드는 방법

1. 반죽을 일정한 두께로 유지하며 좌우로 잡아당겨 치아바타 모양으로 늘린다.
2. 반죽을 삽으로 옮겨 화덕에 넣는다.
3. 화덕 내부의 불에서 최대한 먼 곳(불이 약한 곳)에 넣어 고르게 색을 내며 익힌다.
4. 반죽이 부풀고 표면에 색이 나기 시작하면 화덕에서 꺼내 살짝 식힌 후 중앙에 칼집을 내 벌려준다.
5. 피오르 디 라테를 고르게 올린 후 다시 화덕에 넣고 피오르 디 라테가 살짝 녹으면 꺼낸다.
6. 빵을 펼쳐 2차 토핑 재료를 모두 채우고 빵을 닫는다.
7. 유산지에 말아 제공하거나 접시에 담아 제공한다.

Panuozzo Napoletano Contemporanea
파누오쪼 컨템포러리

이 메뉴는 전통 나폴리식 메뉴를 현대적으로 재해석한 핏자. 겉은 바삭하지만 속은 촉촉하고 부드러운 식감을 지닌 샌드위치 스타일의 핏자다.

반죽
컨템포러리 반죽	250~280g 1개

1차 토핑 재료
엑스트라버진 올리브오일	약간
또는 토마토 소스	60g

2차 토핑 재료
리코타	100g
대추방울토마토	4~5알
모차렐라 부팔라	100g
루꼴라	30g
엑스트라버진 올리브오일	약간
소금	약간
파르미지아노 레지아노 치즈	약간
피스타치오 분태	약간

만드는 방법

❶ 손가락을 이용해 반죽을 중심에서부터 바깥쪽으로 자연스럽게 펴준다. (반죽의 모든 면을 다 펴지 않아도 된다. 자연스럽게 펴 지름 25cm 정도로 만든다.)

❷ 반죽 윗면에 올리브오일을 바른 후 반으로 접는다. 그러면 모든 면에 올리브오일이 고르게 묻어 있을 것이다. (원한다면 토마토 소스를 추가로 발라도 좋다.)

❸ 반죽을 다시 접고, 반달 모양의 반죽을 양손으로 균형 있게 잡아당겨 모양과 크기를 만든다.

❹ 화덕에 넣어 굽는다. 고르게 색을 낼수 있도록 패들링을 잘 해주어야 하며, 반죽 안쪽까지 잘 이거야 하므로 화덕 내부 공간의 열원에 따라 놓는 위치를 잘 선택해야 한다.

❺ 잘 구워진 빵을 꺼낸 후 빵 윗면을 젖힌다.

❻ 내부에 리코타를 바르고 2차 토핑 재료를 조화롭게 올린다.

❼ 접시에 담아 제공한다. (원한다면 별도의 그릇에 토마토 소스를 제공해주는 것도 좋은 방법이다.)

Pizza Arrotolata
아로톨라타

 ☑ Rosso
☑ Bianco

핏자 도우에 다양한 재료를 올린 뒤 돌돌 말아 구워낸 롤 형태의 핏자. 전통 핏자의 맛을 새로운 형태로 즐길 수 있는 메뉴이며, 길거리에서 걸어다니며 먹을 수 있는 서민적인 음식이기도 하다.

반죽

| 나폴리 핏자 반죽 | 230~250g 1개 |

1차 토핑 재료

엑스트라버진 올리브오일	30g
건조 오레가노	1작은술
고운 소금	약간

2차 토핑 재료

와일드 루꼴라	50g
스테비아토마토 슬라이스	몇 알
모르타델라 햄 슬라이스	2~3장
엑스트라버진 올리브오일	적당량
고운 소금	약간
파르미지아노 레지아노 치즈	20g

기타

| 유산지 | 1장 |

만드는 방법

❶ 손가락을 이용해 반죽을 중심에서부터 바깥쪽으로 자연스럽게 펴준다.

❷ 밀대로 반죽을 둥글게 밀어 편다.

❸ 반죽 윗면에 올리브오일을 바른 후 반으로 접는다. 그러면 모든 면에 올리브오일이 고르게 묻어 있을 것이다.

❹ 건조 오레가노와 고운 소금을 뿌린다.

❺ 화덕에서 타지 않게, 고른 색으로 유지하며 구워낸다.

❻ 밀대로 밀어 살짝 평평하게 만든다.

❼ 작업대 위에 유산지를 놓고 그 위에 핏자를 올린다. 이때 오레가노가 묻은 쪽이 바닥을 향하게 한다.

❽ 2차 토핑 재료를 조화롭게 올리고 김밥 말듯 말아준다. 이때 너무 타이트하게 말지 않고 약간의 여유를 두고 말아준다.

❾ 유산지로 감싸 제공한다.

Pizza Marinara
마리나라

마르게리타와 함께 나폴리를 대표하는 핏자. 몇 가지 재료만으로 맛을 낸 가장 단순하면서도 고전적인 나폴리식 핏자로, 치즈를 사용하지 않아 재료 본연의 맛이 그대로 살아나며, 담백하고 깔끔한 풍미가 특징이다.

반죽
클래식 나폴리 핏자 반죽 또는 컨템포러리 핏자 반죽	1개

1차 토핑 재료
토마토 소스	1국자 (2oz) 반
마늘 슬라이스	마늘 1쪽 분량
건조 오레가노	약간
바질	1줄기
엑스트라버진 올리브오일	적당량

2차 토핑 재료
엑스트라버진 올리브오일	적당량

만드는 방법
❶ 반죽을 펴준다.
❷ 반죽 중심에 토마토 소스를 붓고 국자를 이용해 원형을 그리며 고르게 발라준다.
❸ 마늘 슬라이스를 올리고 건조 오레가노를 고르게 뿌린다.
❹ 바질잎을 올리고 올리브오일을 충분히 뿌린다.
❺ 반죽 가장자리를 중심으로 후자 늘리기 작업을 통해 원하는 크기와 모양을 완성한다.
❻ 화덕에 구워낸다.
❼ 접시에 담고 올리브오일을 뿌려 제공한다.

Pizza Margherita
마르게리타

마리나라와 함께 나폴리를 대표하는 핏자. 단순하면서도 완벽한 조화를 자랑하는 나폴리식 전통 핏자로, 붉은 토마토, 흰 모차렐라, 초록 바질은 이탈리아 국기를 상징한다. 재료 본연의 맛과 향을 가장 순수하게 즐길 수 있는, 전 세계적으로 사랑받고 있는 핏자다.

반죽
나폴리 핏자 반죽 또는
컨템포러리 핏자 반죽   1개

1차 토핑 재료
토마토 소스	1국자 (2oz)
피오르 디 라테 (소젖 모차렐라)	120g
바질	1줄기
엑스트라버진 올리브오일	약간

2차 토핑 재료
기호에 따라
파르미지아노 레지아노 치즈 가루	약간
엑스트라버진 올리브오일	약간

만드는 방법
1. 반죽을 펴준다.
2. 반죽 중심에 토마토 소스를 붓고 국자를 이용해 원형을 그리며 고르게 발라준다.
3. 피오르 디 라테를 고르게 올린다.
4. 바질잎을 올리고 올리브오일을 충분히 뿌린다.
5. 반죽 가장자리를 중심으로 후자 늘리기 작업을 통해 원하는 크기와 모양을 완성한다.
6. 화덕에 구워낸다.
7. 접시에 담고 올리브오일을 뿌려 제공한다. 기호에 따라 파르미지아노 레지아노 치즈 가루를 뿌려도 좋다.

Pizza Margherita con bufala
부팔라 마르게리타

기본 마르게리타에 물소젖으로 만든 모차렐라 부팔라를 올린 나폴리식 전통 핏자. 모차렐라 부팔라는 우유보다 풍미가 진하고 질감이 부드러워 깊고 고소한 맛을 선사한다.

반죽
나폴리 핏자 반죽 또는 컨템포러리 핏자 반죽	1개

1차 토핑 재료
토마토 소스	1국자 (2oz)
모차렐라 부팔라	100g
피오르 디 라테 (소젖 모차렐라)	40~50g
바질	1줄기
엑스트라버진 올리브오일	약간

2차 토핑 재료
바질	약간
엑스트라버진 올리브오일	약간
기호에 따라 파르미지아노 레지아노 치즈 가루	약간

만드는 방법
1. 반죽을 펴준다.
2. 반죽 중심에 토마토 소스를 붓고 국자를 이용해 원형을 그리며 고르게 발라준다.
3. 모차렐라 부팔라를 고르게 올린다. 필요에 따라 피오르 디 라테를 조금 더 추가할 수 있다.
4. 바질잎을 올리고 올리브오일을 충분히 뿌린다.
5. 반죽 가장자리를 중심으로 후자 늘리기 작업을 통해 원하는 크기와 모양을 완성한다.
6. 화덕에 구워낸다.
7. 접시에 담고 바질잎과 올리브오일을 뿌려 제공한다. 기호에 따라 파르미지아노 레지아노 치즈 가루를 뿌려도 좋다.

Pizza Margherita con burrata
부라타 마르게리타

기본 마르게리타 위에 신선한 부라타 치즈를 올린 핏자. 부라타는 겉은 모차렐라로 감싸고 속은 생크림과 잘게 찢은 모차렐라로 채운 치즈로, 부드럽고 진한 풍미가 특징이다.

반죽
나폴리 핏자 반죽 또는 컨템포러리 핏자 반죽	1개

1차 토핑 재료
토마토 소스	1국자 (2oz)
피오르 디 라테 (소젖 모차렐라)	120g
바질	1줄기
엑스트라버진 올리브오일	약간

2차 토핑 재료
부라타 치즈	1개 (50~100g)
바질	약간
파르미지아노 레지아노 치즈 슬라이스	약간
엑스트라버진 올리브오일	약간

만드는 방법
❶ 반죽을 펴준다.
❷ 반죽 중심에 토마토 소스를 붓고 국자를 이용해 원형을 그리며 고르게 발라준다.
❸ 피오르 디 라테를 고르게 올린다.
❹ 바질잎을 올리고 올리브오일을 충분히 뿌린다.
❺ 반죽 가장자리를 중심으로 후자 늘리기 작업을 통해 원하는 크기와 모양을 완성한다.
❻ 화덕에 구워낸다.
❼ 접시에 담고 핏자 중심에 부라타 치즈를 올린다.
❽ 바질잎과 파르미지아노 레지아노 치즈 슬라이스를 올린 후 올리브오일을 뿌려 제공한다.

Pizza al Gorgonzola Piccante
고르곤졸라 피칸테

이탈리아에서는 고르곤졸라 핏자를 제공할 때 꿀을 곁들이지 않는다. 꿀은 점도와 당도가 강해 고르곤졸라의 고유한 맛과 향을 가려, 결국 꿀맛이 지배적인 핏자가 되기 때문이다. 대신 토핑 양념이 고르곤졸라와 조화를 이루도록 계절에 맞는 재료(사과, 무화과 등)를 곁들이길 권한다.

반죽
나폴리 핏자 반죽 또는
컨템포러리 핏자 반죽 — 1개

1차 토핑 재료
기호에 따른 동물성 생크림 — 적당량
* 실제 이탈리아에서는 소스 없이 바로 치즈를 올린다.

피오르 디 라테 (소젖 모차렐라) — 120g
선호하는 과일류
* 설탕에 절인 사과 50g 또는 계절에 따른 무화과, 샤인머스켓, 블랙사파이어 등 선호하는 재료를 토핑한다.
* 설탕에 절인 사과는 설탕과 물을 1:1 비율로 혼합하고 약간의 레몬즙을 섞은 후 작게 깍둑썬 사과를 버무려 1시간 후에 사용한다.

큐브형 고르곤졸라 — 20~30g
기호에 따른 무화과 리플잼 — 30g
엑스트라버진 올리브오일 — 약간

2차 토핑 재료
구운 호두 조각 — 약간
파르미지아노 레지아노 치즈 조각 — 약간

만드는 방법
1. 반죽을 펴준다.
2. 반죽 중심에 동물성 생크림을 붓고 국자를 이용해 원형을 그리며 고르게 발라준다. (선택 사항)
3. 피오르 디 라테를 고르게 올린다.
4. 선호하는 과일류로 토핑한다.
5. 큐브형 고르곤졸라를 고르게 올린 후 무화과 리플잼을 소량씩 군데군데 올린다.
6. 올리브오일을 충분히 뿌린다.
7. 반죽 가장자리를 중심으로 후자 늘리기 작업을 통해 원하는 크기와 모양을 완성한다.
8. 화덕에 구워낸다.
9. 접시에 담고 구운 호두 조각과 파르미지아노 레지아노 치즈 조각을 올려 제공한다.

Pizza Diavola
디아볼라

'악마'라는 뜻의 디아볼라는 거의 모든 핏제리아에서 만날 수 있는 인기 메뉴다. 강하게 톡 쏘는 맛의 살라미와 블랙올리브를 곁들인 것이 특징이다.

반죽

나폴리 핏자 반죽 또는
컨템포러리 핏자 반죽   1개

1차 토핑 재료

토마토 소스	1국자 (2oz)
피오르 디 라테 (소젖 모차렐라)	100g
매운 살라미 슬라이스	40g

* 보통 초리조 또는 살시촌 살라미를 주로 사용한다.

씨를 제거한 블랙올리브	몇 알
으깬 통후추	약간
페페론치노	약간
바질	1개
엑스트라버진 올리브오일	약간

2차 토핑 재료

엑스트라버진 올리브오일	약간

만드는 방법

❶ 반죽을 펴준다.

❷ 반죽 중심에 토마토 소스를 붓고 국자를 이용해 원형을 그리며 고르게 발라준다.

❸ 피오르 디 라테를 고르게 올린다.

❹ 매운 살라미 슬라이스와 씨를 제거한 블랙올리브를 올린다.

❺ 으깬 통후추와 페페론치노를 적당량 뿌린다. (통후추는 충분히 뿌리고, 페페론치노는 좋아하는 매운맛의 강도에 따라 뿌리면 된다. 사실 토핑한 상태에서 고열에서 굽기 때문에 통후추의 톡 쏘는 맛은 결코 강하지 않은 좋은 맛을 준다.)

❻ 바질잎을 올리고 올리브오일을 충분히 뿌린다.

❼ 반죽 가장자리를 중심으로 후자 늘리기 작업을 통해 원하는 크기와 모양을 완성한다.

❽ 화덕에 구워낸다.

❾ 접시에 담고 올리브오일을 뿌려 제공한다.

Calzone
칼초네

 Rosso
Bianco

칼초네 핏자는 지역과 조리 방식에 따라 여러 이름으로 불린다. 대표적으로 칼초네 알 포르노(Calzone al forno), 칼초네 리피에노 알 포르노(Calzone ripieno al forno), 칼초네 프리또(Calzone fritto), 핏자 칼초네(Pizza calzone) 등이 있다. 전통적으로 칼초네를 제공할 때는 토마토 소스를 별도로 곁들인다.

반죽

나폴리 핏자 반죽 또는	
컨템포러리 핏자 반죽	1개

1차 토핑 재료

리코타	80g
살라미	30g
훈제 프로볼라치즈 또는	
스카모르차 치즈	75g
양송이 슬라이스	양송이 2개 분량
흑후추	약간
바질	약간
엑스트라버진 올리브오일	약간
토마토 소스	1~2작은술

2차 토핑 재료

베이비 루꼴라	약간
파르미지아노 레지아노 치즈 가루	약간
엑스트라버진 올리브오일	약간
토마토 소스	50g

만드는 방법

❶ 반죽을 펴준다.

❷ 펴놓은 반죽 절반에 리코타를 바른 후 그 위에 적당한 크기로 자른 살라미, 원하는 치즈, 양송이 슬라이스, 흑후추, 바질잎, 올리브오일을 뿌린다.

❸ 반죽을 반으로 덮고 가장자리를 고정시킨다. (제대로 고정하지 않으면 화덕에서 구울 때 김이 새어나와 제대로 부풀지 않는다.)

❹ 칼초네 윗면을 손으로 살짝 힘을 줘 평평하게 만들고 그 중심에 토마토 소스를 1~2작은술 정도 바른다. (소스가 흘러내리지 않게 양을 조절한다.)

❺ 화덕에 구워낸다. 토마토 소스를 바른 중심부는 풍선처럼 부풀다가 점차 내려앉아 최종적으로는 화산 같은 형태를 띠게 된다.

❻ 접시에 담고 가라앉은 중심부에 베이비 루꼴라를 올린 후 파르미지아노 레지아노 치즈 가루와 올리브오일을 뿌린다.

❼ 토마토 소스가 담긴 작은 볼을 함께 제공한다.

화덕 안에서 구워지고 있는 반죽의 모습

Pizza Stella
스텔라

별 모양으로 만든 독창적인 형태의 핏자로, 2012년 필자가 국내에 처음 소개했다. 반죽 중앙에 토마토 소스와 모차렐라, 바질을 올리고, 별 모양이 될 반죽 끝에는 다양한 속재료를 채워 개성 있는 맛을 즐길 수 있다. 전통 핏자에 창의성을 더한 메뉴로, 시각적 즐거움과 맛을 동시에 선사한다.

반죽
나폴리 핏자 반죽

별 꼭지 재료
신선한 리코타	80g
선호하는 종류의 다진 살라미	30g
다진 훈제 프로볼라 또는 스카모르차 치즈	50g
흑후추	약간

1차 토핑 재료
토마토 소스	50~60g
피오르 디 라테 (소젖 모차렐라)	80g
바질	1줄기
엑스트라버진 올리브오일	약간

2차 토핑 재료
모르타델라 슬라이스	3장
부라타 치즈	50g
바질	약간
엑스트라버진 올리브오일	약간

만드는 방법
1. 별 꼭지 재료를 혼합해 반죽 형태로 만들어 포도알 크기로 8개 빚어 준비한다.
2. 밀대로 반죽을 둥글게 펴준다.
3. 반죽 가장자리를 8등분으로 표시하고 3~4cm 길이로 자른다.
4. 잘라진 중심에 ①을 올리고 반죽 양끝을 접어 뾰족한 별 모양으로 만든다.
5. 반죽 중심에 토마토 소스를 붓고 국자를 이용해 원형을 그리며 고르게 발라준다.
6. 피오르 디 라테를 고르게 올린다.
7. 바질잎을 올리고 올리브오일을 충분히 뿌린다.
8. 화덕에 구워낸다.
9. 접시에 담고 핏자 중심부에 꽃모양으로 말아 놓은 모르타델라 슬라이스를 놓은 후 그 위에 부라타 치즈를 올린다.
10. 바질잎과 올리브오일을 뿌려 제공한다.

Pizza Caprese con Rucola
카프레제 & 루꼴라

 NAPOLI   ☑ Rosso

 ☑ CONTEMPORARY   ☐ Bianco

 ☑ ☑ ☑

셰프 안토니오가 재구성한 핏자. 기본 마르게리타 베이스에 루꼴라, 방울토마토, 보꼰치니, 블랙올리브 등을 더해 풍부한 맛으로 완성했다. 특히 발사믹 소스는 시판 글레이즈 대신 직접 졸여 만들어 사용하면 한층 더 깊은 풍미를 느낄 수 있다.

반죽

나폴리 핏자 반죽 또는 컨템포러리 핏자 반죽	1개

1차 토핑 재료

토마토 소스	1국자 (2oz)
피오르 디 라테 (소젖 모차렐라)	80g
엑스트라버진 올리브오일	약간

2차 토핑 재료

와일드 루꼴라	60g
2등분한 대추방울토마토	4~5알
보꼰치니	8개
블랙올리브 슬라이스	1~2스푼
소금	약간
발사믹 소스	20g
파르미지아노 레지아노 치즈 가루	약간
엑스트라버진 올리브오일	30g

만드는 방법

1. 반죽을 펴준다.
2. 반죽 중심에 토마토 소스를 붓고 국자를 이용해 원형을 그리며 고르게 발라준다.
3. 피오르 디 라테를 고르게 올린다.
4. 올리브오일을 약간 뿌린다.
5. 반죽 가장자리를 중심으로 후자 늘리기 작업을 통해 원하는 크기와 모양을 완성한다.
6. 화덕에 구워낸다.
7. 접시에 담고 2차 토핑 재료를 조화롭게 올린 후 올리브오일을 뿌려 제공한다.

발사믹 소스 만들기

재료
- 시판 발사믹 식초 500ml
- 꿀 30g

만드는 방법
① 냄비에 발사믹 식초, 꿀을 넣고 중불에서 타지 않게 주의하며 졸인다.
② 내용물이 약 1/4로 줄아들면 식힌 후 튜브용기에 넣고 실온에 두고 사용한다.

tip 내용물이 줄아들면서 식초에 함유된 다양한 비중 있는 성분으로 인해 밀도가 높아지면서 거품이 생긴다. 처음에는 거품 입자가 크지만, 농도가 진해질수록 점차 미세해지는데 이 상태가 되면 완성이다. 여러 번 해 보면 원하는 농도로 쉽게 완성할 수 있다.

Pizza Gorgonzola e Funghi
고르곤졸라 풍기

고르곤졸라는 돌체(Dolce), 크레모소(Cremoso), 피칸테(Piccante) 세 가지 맛이 있으며, 이 중 핏자에는 주로 피칸테가 사용된다. 특히 핏자용으로 판매되는 고르곤졸라는 작은 주사위 모양으로 잘려 있어 바로 올려 사용하기에 편리하다.

반죽
나폴리 핏자 반죽 또는 컨템포러리 핏자 반죽	1개

1차 토핑 재료
리코타 (선택)	80g
피오르 디 라테 (소젖 모차렐라)	120g
양송이	2~3알
큐브형 고르곤졸라	20g
무화과 리플잼 (선택)	10g
엑스트라버진 올리브오일	약간

2차 토핑 재료
볶은 잣	약간
엑스트라버진 올리브오일	약간

만드는 방법
❶ 반죽을 펴준다.
❷ 반죽에 리코타를 바르고 피오르 디 라테를 고르게 올린다.
❸ 웨지 형태 또는 두껍게 슬라이스한 양송이를 고르게 올린다.
❹ 큐브형 고르곤졸라를 고르게 뿌린다.
❺ 무화과 리플잼을 군데군데 조금씩 올리고 올리브오일을 뿌린다.
❻ 반죽 가장자리를 중심으로 후자 늘리기 작업을 통해 원하는 크기와 모양을 완성한다.
❼ 화덕에 구워낸다.
❽ 접시에 담고 볶은 잣과 올리브오일을 뿌려 제공한다.

Pizza Capricciosa
카프리초사

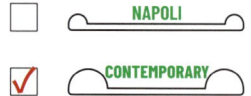 

'변덕스럽다'는 뜻을 지닌 카프리초사는 다양한 식재료를 활용해 말 그대로 변덕스럽게 토핑하는 것이 특징이다. 핏제리아마다 사용하는 재료가 제각각인데, 이 차이가 바로 카프리초사의 매력이다. 한국에서 판매되는 미국식 핏자인 '콤비네이션'과 비슷한 느낌이 있는 것 같기도 하다.

1차 토핑 재료

토마토 소스	1국자 (2oz)
피오르 디 라테 (소젖 모차렐라)	120g
선호하는 종류의 햄	5~6장
(프로슈토 코토 또는 모르타델라)	
아티초크 (병조림 또는 통조림)	7~8조각
양송이 슬라이스	몇 개
블랙올리브	적당량
바질	1줄기
엑스트라버진 올리브오일	약간

2차 토핑 재료

엑스트라버진 올리브오일	약간

만드는 방법

❶ 반죽을 펴준다.
❷ 반죽 중심에 토마토 소스를 붓고 국자를 이용해 원형을 그리며 고르게 발라준다.
❸ 피오르 디 라테를 고르게 올린다.
❹ 선호하는 종류의 햄, 아티초크, 양송이 슬라이스, 블랙올리브를 올린다.
❺ 바질잎과 올리브오일을 뿌린다.
❻ 반죽 가장자리를 중심으로 후자 늘리기 작업을 통해 원하는 크기와 모양을 완성한다.
❼ 화덕에 구워낸다.
❽ 접시에 담고 올리브오일을 뿌려 제공한다.

Pizza Siciliana
시칠리아나

지중해 한가운데 자리한 이탈리아의 섬 시칠리아는 아랍 문화의 영향을 받아 다양한 가지 요리를 즐겨 왔다. 시칠리아나 핏자는 가지를 튀기거나 그릴에 구워 양념한 뒤, 햄과 함께 토핑한 핏자다. 여기에서는 가지와 햄의 풍미를 살리기 위해 토마토 소스를 사용하지 않았지만, 취향에 따라 사용해도 좋다.

반죽

나폴리 핏자 반죽 또는 컨템포러리 핏자 반죽	1개

1차 토핑 재료

피오르 디 라테 (소젖 모차렐라)	100~120g
깍둑썬 햄 또는 살시차	50~60g
구운 파프리카	1/4쪽분
튀긴 가지	1개분
반으로 자른 대추방울토마토	6알
바질	1줄기
엑스트라버진 올리브오일	약간

2차 토핑 재료

엑스트라버진 올리브오일	약간

만드는 방법

❶ 반죽을 펴준다.

❷ 피오르 디 라테를 고르게 올린다.

❸ 깍둑썬 햄 또는 살시차, 구운 파프리카, 튀긴 가지, 반으로 자른 대추방울토마토, 바질잎을 올린 후 올리브오일을 뿌린다.

❹ 반죽 가장자리를 중심으로 후자 늘리기 작업을 통해 원하는 크기와 모양을 완성한다.

❺ 화덕에 구워낸다.

❻ 접시에 담고 올리브오일을 뿌려 제공한다.

- 파프리는 표면에 올리브오일을 발라 180℃ 오븐에서 약 20분간 익힌 후 껍질을 벗겨 먹기 좋은 크기로 잘라 사용한다.
- 가지는 큼직하게 깍둑썰고 소금을 뿌려 10분간 절인 후 물기를 제거하고 밀가루를 가볍게 묻혀 튀겨내 사용한다.

Pizza Ortolana
오르톨라나

	NAPOLI	✓ Rosso
✓	CONTEMPORARY	☐ Bianco

텃밭의 계절 채소로 만든 핏자. 이탈리아 핏제리아에서 빠질 수 없는 인기 메뉴로, 계절에 따라 다양한 채소를 활용해 맛을 낸다.

반죽
나폴리 핏자 반죽 또는
컨템포러리 핏자 반죽 … 1개

1차 토핑 재료
토마토 소스	1국자 (2oz)
반으로 자른 방울토마토	몇 알
양념한 가지	몇 쪽
양념한 파프리카 (노랑과 빨강)	몇 쪽
양념한 주키니	몇 쪽
피오르 디 라테 (소젖 모차렐라)	120g
바질	
엑스트라버진 올리브오일	약간

2차 토핑 재료
엑스트라버진 올리브오일	약간

만드는 방법
❶ 반죽을 펴준다.
❷ 반죽 중심에 토마토 소스를 붓고 국자를 이용해 원형을 그리며 고르게 발라준다.
❸ 반으로 자른 방울토마토, 양념한 가지와 파프리카, 주키니를 고르게 올린다.
❹ 피오르 디 라테를 올린다.
❺ 바질잎과 올리브오일을 뿌린다.
❻ 반죽 가장자리를 중심으로 후자 늘리기 작업을 통해 원하는 크기와 모양을 완성한다.
❼ 화덕에 구워낸다.
❽ 접시에 담고 올리브오일을 뿌려 제공한다.

- 가지는 1cm 두께로 어슷 썰어 소금을 뿌린 후 10분간 절인다. 절여진 가지의 물기를 제거하고 팬이나 오븐에서 노릇하게 구운 후 올리브오일과 다진 파슬리, 바질, 발사믹 소스 등의 양념으로 재워 사용한다.

- 파프리는 표면에 오일을 발라 180℃ 오븐에서 약 20분간 익힌 후 껍질을 벗겨 먹기 좋은 크기로 자른다. 소금, 후추, 올리브오일, 다진 파슬리로 재워 사용한다.

- 10cm 정도 크기의 작은 주키니를 동전 크기로 자른 후 소금, 후추, 올리브오일로 양념해 그대로 사용하거나, 팬이나 그릴에 살짝 구운 후 양념해 사용한다.

Pizza ai Quattro Formaggi
콰트로 포르마지

이 핏자는 기본 양념으로 토마토 소스를 바르는 '로사(rossa)'와 바르지 않는 '비앙카(bianca)' 중에서 선택할 수 있는데, 다만 토마토 소스를 사용하지 않는 경우가 더 일반적이다. 사용되는 치즈의 종류는 정해져 있지 않아 지역과 핏제리아에 따라 달라지며, 계절에 맞춰 선호하는 치즈를 바꾸기도 한다. 원하는 치즈만으로도 만들 수 있는, 변주가 자유로운 핏자다.

반죽
나폴리 핏자 반죽 또는 컨템포러리 핏자 반죽	1개

1차 토핑 재료
피오르 디 라테 또는 부팔라	60g
큐브형 고르곤졸라 또는 블루치즈	1스푼
탈레조, 폰티나, 파르미지아노 레지아노, 그라나파다노, 스트라차텔라 중 선택	1스푼
훈제 프로볼로네, 프로볼라, 스카모르차, 카초카발로 중 선택	50g
바질 (선택)	1줄기

2차 토핑 재료
파르미지아노 레지아노 치즈 가루	약간
엑스트라버진 올리브오일	약간

만드는 방법
❶ 반죽을 펴준다.
❷ 피오르 디 라테를 고르게 바른다.
❸ 원하는 치즈 3가지를 선택해 올린다.
❹ 반죽 가장자리를 중심으로 후자 늘리기 작업을 통해 원하는 크기와 모양을 완성한다.
❺ 화덕에 구워낸다.
❻ 접시에 담고 파르미지아노 레지아노 치즈 가루와 올리브오일을 뿌려 제공한다.

Pizza Wurstel e Patatine
프랑크푸르트 & 감자칩

	NAPOLI	☑ Rosso
☑	CONTEMPORARY	☐ Bianco

생맥주와 참 잘 어울리는 핏자. 어른들은 물론 아이들까지 좋아하는 메뉴로, 감자를 바삭하게 튀겨 올리는 것이 핵심이다. 감자에 시즈닝 양념을 뿌려 색다른 맛을 더해도 좋다.

반죽
나폴리 핏자 반죽 또는
컨템포러리 핏자 반죽   1개

1차 토핑 재료
토마토 소스 또는 피오르 디 라테   120g

2차 토핑 재료
튀김용 감자   100g
(벌집감자 또는 크링클컷 또는 슈스트링)
프랑크푸르트 소시지   2줄
바질   1줄기
엑스트라버진 올리브오일   약간

만드는 방법
❶ 감자와 1cm 두께로 슬라이스한 프랑크푸르트 소시지를 바삭하게 튀겨 준비한다.
❷ 반죽을 펴준다.
❸ 반죽 중심에 토마토 소스를 붓고 국자를 이용해 원형을 그리며 고르게 발라준다. (기호에 따라 토마토 소스 대신 피오르 디 라테만 발라도 좋다.)
❹ 화덕에 구워낸다.
❺ 접시에 담고 ❶을 고르게 올린다.
❻ 바질잎을 올리고 올리브오일을 뿌려 제공한다. (기호에 따라 시즈닝 양념을 뿌려도 좋다.)

- 프랑크푸르트 소시지는 1차 토핑으로 올려 화덕에서 구워도 좋고, 감자와 함께 튀겨 2차 토핑으로 올려도 좋다.
- 토마토 소스 또는 머스터드 소스를 곁들이거나, 어니언 시즈닝이나 허니 버터 시즈닝을 뿌려 제공해도 좋다.

Pistacchio e Salsiccia
피스타치오 & 살시차

☐ Rosso
☑ Bianco

피스타치오의 고소함과 살시차의 풍미가 조화를 이루는 핏자. 다소 낯선 조합처럼 보일 수 있지만, 현지인들에게는 인기 있는 메뉴다.

반죽

나폴리 핏자 반죽 또는 컨템포러리 핏자 반죽	1개

1차 토핑 재료

피스타치오 페이스트	40~50g
생크림	약간
훈제 프로볼라 또는 스카모르차	120g
살시차	1개분

* 이탈리아산 살시차가 없는 경우 가열되지 않은 수제 소시지나 냉동 수제 소시지를 사용한다.

바질	1줄기
엑스트라버진 올리브오일	약간

2차 토핑 재료

피스타치오 분태	약간
엑스트라버진 올리브오일	약간

만드는 방법

❶ 반죽을 펴준다.

❷ 피스타치오 페이스트에 약간의 생크림을 섞어 묽게 만든다.

❸ 반죽 중심에 ❶을 올리고 국자를 이용해 원형을 그리며 고르게 발라준다.

❹ 훈제 프로볼라를 고르게 올린다. (필요에 따라 피오르 디 라테를 추가해도 좋다.)

❺ 살시차 끝부분 꼭지를 잘라 케이싱을 벗겨낸 후 내부의 고기를 완자 크기로 떼어내 군데군데 올린다.

❻ 바질잎을 올리고 올리브오일을 충분히 뿌린다.

❼ 반죽 가장자리를 중심으로 후자 늘리기 작업을 통해 원하는 크기와 모양을 완성한다.

❽ 화덕에 구워낸다.

❾ 접시에 담고 피스타치오 분태와 올리브오일을 뿌려 제공한다.

Pizza Rucola e Prosciutto
(pizza prosciutto crudo e rucola)
루꼴라 & 프로슈토

	NAPOLI	☑ Rosso
☑	CONTEMPORARY	☐ Bianco

어느 핏제리아를 가든 맛볼 수 있는 이탈리아 전통 핏자. 구운 핏자 위에 신선한 루꼴라와 얇게 썬 프로슈토를 올린 메뉴다. 루꼴라의 상큼한 향과 은은한 쌉쌀함이 프로슈토의 짭조름하고 깊은 풍미와 어우러져, 담백하면서도 풍성한 맛을 낸다.

반죽
나폴리 핏자 반죽 또는
컨템포러리 핏자 반죽　　　　　　1개

1차 토핑 재료
토마토 소스　　　　　　　　1국자 (2oz)
피오르 디 라테 (소젖 모차렐라)　　100g

2차 토핑 재료
프로슈토 코토 또는 프로슈토 크루도　7~8장
와일드 루꼴라　　　　　　　　　　60g
소금　　　　　　　　　　　　　　약간
파르미지아노 레지아노 치즈 가루
또는 스칼리에 슬라이스　　　　　약간
엑스트라버진 올리브오일　　　　　약간

만드는 방법
❶ 반죽을 펴준다.
❷ 반죽 중심에 토마토 소스를 붓고 국자를 이용해 원형을 그리며 고르게 발라준다.
❸ 피오르 디 라테를 올린다.
❹ 반죽 가장자리를 중심으로 후자 늘리기 작업을 통해 원하는 크기와 모양을 완성한다.
❺ 화덕에 구워낸다.
❻ 접시에 담고 프로슈토 코토를 모양내 올린다.
❼ 와일드 루꼴라를 올리고 소금, 파르미지아노 레지아노 치즈, 올리브오일을 뿌려 제공한다.

Pizza Genovese con Patate
바질 페스토 & 감자

리구리아를 대표하는 소스인 '페스토 알라 제노베세(바질 페스토)'와 감자의 조합이 돋보이는 핏자. 시판 제품을 사용해도 좋지만, 셰프 안토니오가 유튜브에서 공개한 레시피로 만들면 한층 깊고 신선한 맛을 즐길 수 있다. 바질과 올리브오일, 치즈의 향긋한 풍미가 감자의 담백함과 잘 어우러지며, 여기에 약간의 토마토를 곁들이면 더욱 조화로운 맛을 완성할 수 있다.

반죽

나폴리 핏자 반죽 또는 컨템포러리 핏자 반죽	1개

1차 토핑 재료

파리지엔 알감자	약간
바질 페스토	1oz (약 35g)
모차렐라 부팔라	100g
바질	1줄기
방울토마토 콩피	약간
엑스트라버진 올리브오일	약간

2차 토핑 재료

바질	약간
엑스트라버진 올리브오일	약간

만드는 방법

❶ 파리지엔 알감자를 도톰하게 슬라이스한 후 바삭하게 튀기거나 삶아 준비한다.

❷ 반죽을 펴준다.

❸ 반죽에 모차렐라 부팔라 일부를 올린 후 바질 페스토를 군데군데 떠 올린다.

❹ 남은 모차렐라 부팔라를 올린다.

❺ ①을 고르게 올린 후 바질잎과 방울토마토 콩피, 올리브오일을 뿌린다.

❻ 반죽 가장자리를 중심으로 후자 늘리기 작업을 통해 원하는 크기와 모양을 완성한다.

❼ 화덕에 구워낸다.

❽ 접시에 담고 바질잎과 올리브오일을 뿌려 제공한다.

- 방울토마토 콩피를 간단하게 만들 때는 먼저 토마토의 껍질을 제거한 뒤 팬에 가지런히 담고 소금과 설탕으로 간을 한 다음, 타임 잎이나 다진 마늘을 뿌리고 올리브오일을 넉넉히 부어준다. 이후 건조기나 워머에 넣어 반건조 상태가 되도록 익혀 사용한다. 번거롭다면 시판 제품을 사용해도 무방하다.

바질 페스토

Pizza Polpettine
폴펫티네

 Rosso

  Bianco

나폴리에서 즐기는 폴펫티네(일명 미트볼)는 파스타와 함께 곁들이는 일반적인 미트볼과 달리, 지름 약 3인치에 달하는 대형 미트볼이다. 크기가 커서 양념 소스를 버무린 미트볼 한 개를 접시에 담아 제공하며, 기호에 따라 신선한 토마토 소스와 시골빵, 심플한 샐러드를 곁들이기도 한다. 여기에서는 이 미트볼을 한입 크기로 줄여 핏자에 6~9개 정도 토핑해, 육즙과 풍미를 그대로 살렸다.

반죽
나폴리 핏자 반죽 또는
컨템포러리 핏자 반죽   1개

1차 토핑 재료
토마토 소스 또는
라구 볼로네제 소스   1국자 (2oz)
익힌 폴펫티네   9~12알
모차렐라 부팔라   100g
바질   1줄기
엑스트라버진 올리브오일   약간

2차 토핑 재료
파르미지아노 레지아노 치즈   약간
엑스트라버진 올리브오일   약간

만드는 방법

❶ 반죽을 펴준다.

❷ 반죽 중심에 토마토 소스를 붓고 국자를 이용해 원형을 그리며 고르게 발라준다.

❸ 익힌 폴펫티네와 모차렐라 부팔라를 고르게 올린다. (필요에 따라 피오르 디 라테를 조금 더 추가할 수 있다.)

❹ 바질잎을 올리고 올리브오일을 충분히 뿌린다.

❺ 반죽 가장자리를 중심으로 후자 늘리기 작업을 통해 원하는 크기와 모양을 완성한다.

❻ 화덕에 구워낸다.

❼ 접시에 담고 파르미지아노 레지아노 치즈와 올리브오일을 뿌려 제공한다.

라구 볼로네제 소스

폴펫티네

Pizza Vesuvio
베수비오

 ✓ Rosso
☐ Bianco

나폴리 근교의 베수비오 화산을 형상화한 핏자로, 강렬한 풍미와 화려한 토핑이 특징이다. 토마토 소스와 치즈를 기본으로 다양한 재료들이 어우러져 화산처럼 터지는 맛의 조화를 느낄 수 있는 전통 나폴리식 핏자다.

반죽

나폴리 핏자 반죽 또는 컨템포러리 핏자 반죽	1개

1차 토핑 재료

토마토 소스	1국자 (2oz)
피오르 디 라테 (소젖 모차렐라)	120g
껍질 벗긴 대추방울토마토	약간
후추를 뿌린 베이컨	2~3장
바질	1줄기
엑스트라버진 올리브오일	약간

2차 토핑 재료 (화산 표현)

모르타델라 또는 프로슈토	몇 장
와일드 루꼴라	약간
파르미지아노 레지아노 치즈	약간
반으로 자른 대추방울토마토	약간
엑스트라버진 올리브오일	약간

만드는 방법

❶ 반죽을 펴준다.
❷ 반죽 중심에 토마토 소스를 붓고 국자를 이용해 원형을 그리며 고르게 발라준다.
❸ 피오르 디 라테를 올린다.
❹ 껍질 벗긴 대추방울토마토와 후추를 뿌린 베이컨을 올린다.
❺ 바질잎과 올리브오일을 뿌린다.
❻ 반죽 가장자리를 중심으로 후자 늘리기 작업을 통해 원하는 크기와 모양을 완성한다.
❼ 화덕에 구워낸다.
❽ 접시에 담고 돌돌 만 모르타델라를 올리고 그 위에 와일드 루꼴라와 파르미지아노 레지아노 치즈를 뿌린다.
❾ 반으로 자른 대추방울토마토를 올리고 올리브오일을 뿌려 제공한다.

Pizza Salsiccia e Friarielli
살시차 & 프리아리엘리

신선한 살시차의 풍미와 프리아리엘리(이탈리아 남부에서 즐겨 먹는 줄기 브로콜리)의 은은한 쌉쌀함이 조화를 이루는 나폴리의 대표적인 전통 핏자. 나폴리 사람들이 즐기는 맛을 그대로 느낄 수 있는 메뉴로, 프리아리엘리를 데쳐 곱게 간 퓌레를 소스로 사용해도 훌륭한 맛을 낸다.

반죽

나폴리 핏자 반죽 또는 컨템포러리 핏자 반죽	1개

1차 토핑 재료

훈제 프로볼라 또는 스카모르차	120g
살시차	1개분
프리아리엘리	60~80g

* 한국에서는 이탈리아에서 수입된 캔 제품(양념되어 있음)을 사용한다.

바질	1줄기
엑스트라버진 올리브오일	약간

2차 토핑 재료

엑스트라버진 올리브오일	약간

만드는 방법

❶ 반죽을 펴준다.

❷ 훈제 프로볼라를 고르게 올린다.

❸ 살시차를 작은 크기로 떼어내 올린다.

❹ 프리아리엘리와 바질잎을 올린 후 올리브오일을 충분히 뿌린다. (여기에서는 소금물에 데친 줄기 브로콜리를 추가로 올렸다.)

❺ 반죽 가장자리를 중심으로 후자 늘리기 작업을 통해 원하는 크기와 모양을 완성한다.

❻ 화덕에 구워낸다.

❼ 접시에 담고 올리브오일을 뿌려 제공한다.

Pizza con Porcini e Tartufo
포르치니 & 타르투포

포르치니와 타르투포의 주산지인 이탈리아에서, 늦가을과 겨울에 제철 향미를 즐길 수 있는 고급 핏자. 버섯 시즌에 맞춰 미식적인 메뉴로 추가하기에 적합하며, 깊고 진한 향과 풍미가 특징이다. 전통적인 재료를 현대적으로 구성한 이탈리아식 핏자다.

반죽

나폴리 핏자 반죽 또는 컨템포러리 핏자 반죽	1개

1차 토핑 재료

프로볼로네	120g
시판 트러플 크림 (선택)	약간
3등분한 냉동 포르치니 버섯	9~12개
트러플 소금	약간
바질 또는 이태리파슬리	1줄기
엑스트라버진 올리브오일	약간

2차 토핑 재료

생트러플	약간
엑스트라버진 올리브오일	약간

만드는 방법

❶ 반죽을 펴준다.

❷ 프로볼로네를 올리고 트러플 크림을 군데군데 조금씩 올린다.

❸ 3등분으로 슬라이스한 냉동 포르치니 버섯을 올려 균형을 맞춘다.

❹ 트러플 소금을 살짝 뿌린다.

❺ 바질잎을 올리고 올리브오일을 충분히 뿌린다.

❻ 반죽 가장자리를 중심으로 후자 늘리기 작업을 통해 원하는 크기와 모양을 완성한다.

❼ 화덕에 구워낸다.

❽ 접시에 담고 트러플 슬라이서로 자른 생트러플과 올리브오일을 뿌려 제공한다.

Pizza Salsiccia e Prosciutto Cotto
살시차 & 프로슈토 코토

살시차와 프로슈토 코토 위에 달걀을 올려, 가장 고소한 풍미가 느껴지는 온도로 제공하는 핏자. 달걀을 터뜨리면 흰자가 부드럽게 풀어지고, 노른자는 촉촉함과 고소함을 그대로 간직한 채 살시차의 진한 맛과 어우러진다. 전통 이탈리아의 조리법에 현대적인 감각을 더한 핏자다.

반죽

나폴리 핏자 반죽 또는 컨템포러리 핏자 반죽	1개

1차 토핑 재료

프로볼로네	120g
살시차	1개분
프로슈토 코토 또는 본레스 햄	50g
튀긴 큐브형 감자	50g
흑후추	약간
엑스트라버진 올리브오일	약간

2차 토핑 재료

수비드 기계에서 72℃에서 12분 익힌 달걀	1개
엑스트라버진 올리브오일	약간

만드는 방법

❶ 반죽을 펴준다.
❷ 반죽에 프로볼로네를 올리고 살시차를 작은 크기로 떼어내 군데군데 올린다.
❸ 프로슈토 코토를 균형 있게 올린다.
❹ 튀긴 큐브형 감자를 고르게 올린다.
❺ 흑후추와 올리브오일을 뿌린다.
❻ 반죽 가장자리를 중심으로 후자 늘리기 작업을 통해 원하는 크기와 모양을 완성한다.
❼ 화덕에 구워낸다.
❽ 접시에 담고 중앙에 72℃에서 12분 익힌 달걀을 조심스럽게 올린다.
❾ 올리브오일을 뿌려 제공한다.

Pizza Calciofi
카르초피

카르초피(아티초크)를 주재료로 한 핏자. 한국에서는 다양한 병조림 제품으로 접할 수 있으며, 취향에 따라 모양이나 절임 형태를 선택해 사용할 수 있다. 아티초크를 좋아하는 이들에게는 선물 같은 메뉴다.

반죽
나폴리 핏자 반죽 또는 컨템포러리 핏자 반죽	1개

1차 토핑 재료
모차렐라	120g
웨지 모양으로 조각낸 아티초크 (병조림 또는 통조림)	100g
큼직하게 자른 베이컨	2쪽
페코리노 로마노	약간
바질	1줄기
엑스트라버진 올리브오일	약간

2차 토핑 재료
엑스트라버진 올리브오일	약간

만드는 방법
1. 반죽을 펴준다.
2. 모차렐라를 고르게 올린다.
3. 웨지 모양으로 조각낸 아티초크와 큼직하게 자른 베이컨을 올린다.
4. 큼직하게 자른 베이컨을 올린다.
5. 페코리노 로마노를 갈아 뿌린다.
6. 바질잎을 올린 후 올리브오일을 뿌린다.
7. 반죽 가장자리를 중심으로 후자 늘리기 작업을 통해 원하는 크기와 모양을 완성한다.
8. 화덕에 구워낸다.
9. 접시에 담고 올리브오일을 뿌려 제공한다.

Pizza Campania Ortolana
캄파니아 오르톨라나

'오르토(Orto)'는 이탈리아어로 '텃밭'을 뜻한다. 이름처럼 텃밭에서 갓 수확한 듯한 다양한 채소를 토핑으로 올린 핏자다. 지정된 재료는 없으며, 선호하는 채소를 익히거나 굽거나 절이거나 볶는 등 다양한 방식으로 조리해 올린다. 채소의 맛을 더욱 살리기 위해 토마토 소스를 사용하지 않는 것이 특징이다.

반죽
나폴리 핏자 반죽 또는
컨템포러리 핏자 반죽   1개

1차 토핑 재료
방울토마토 콩피 또는
반으로 자른 방울토마토   약간
구운 가지   몇 쪽
구운 단호박   몇 조각
구운 주키니   몇 조각
모차렐라   100g
바질   1줄기
엑스트라버진 올리브오일   약간

2차 토핑 재료
파르미지아노 레지아노 치즈 가루   약간
엑스트라버진 올리브오일   약간

만드는 방법
❶ 반죽을 펴준다.
❷ 반죽에 색색의 방울토마토 콩피를 올린다.
❸ 구운 가지, 단호박, 주키니를 올리고 사이사이에 모차렐라를 올린다.
❹ 바질잎을 올리고 올리브오일을 뿌린다.
❺ 반죽 가장자리를 중심으로 후자 늘리기 작업을 통해 원하는 크기와 모양을 완성한다.
❻ 화덕에 구워낸다.
❼ 접시에 담고 파르미지아노 레지아노 치즈 가루와 올리브오일을 뿌려 제공한다.

- 방울토마토 콩피를 간단하게 만들 때는 먼저 토마토의 껍질을 제거한 뒤 팬에 가지런히 담고 소금과 설탕으로 간을 한 다음, 타임 잎이나 다진 마늘을 뿌리고 올리브오일을 넉넉히 부어준다. 이후 건조기나 워머에 넣어 반건조 상태가 되도록 익혀 사용한다. 번거롭다면 시판 제품을 사용해도 무방하다.
- 단호박과 주키니는 슬라이스한 후 팬이나 그릴에 살짝 구워 사용한다.
- 가지는 1cm 두께로 둥글게 썰거나 어슷 썰어 소금을 뿌린 후 10분간 절인다. 절여진 가지의 물기를 제거하고 팬이나 오븐에서 살짝 구워 그대로 사용하거나 원하는 양념으로 간을 해 사용한다.

Pizza Pomodoro Confit
토마토 콩피

이탈리아 남부에서 자라는 다양한 종류의 토마토를 양념하고 오일에 절인 콩피를 사용하는 핏자. 토마토 콩피는 2차 토핑으로 올려야 타지 않고 선명한 색감을 유지할 수 있다.

반죽

나폴리 핏자 반죽 또는
컨템포러리 핏자 반죽   1개

1차 토핑 재료

토마토 콩피 페이스트 (시판, 선인 제품) 60g

* 기호에 따라 토마토 콩피 대신 토마토 소스 또는 치즈를 베이스로 사용해도 좋다.

프로볼라 또는 프로볼로네	120g
방울토마토 콩피	100g
엑스트라버진 올리브오일	약간

2차 토핑 재료

바질	1줄기
파르미지아노 레지아노 치즈 가루	약간
엑스트라버진 올리브오일	약간

만드는 방법

❶ 반죽을 펴준다.
❷ 반죽 중심에 토마토 콩피 페이스트를 올리고 국자를 이용해 원형을 그리며 고르게 발라준다.
❸ 프로볼라 조각을 올린다. (필요에 따라 피오르 디 라테를 조금 더 추가할 수 있다.)
❹ 방울토마토 콩피(가능하면 빨강과 노랑색으로)를 고르게 올린다.
❺ 올리브오일을 뿌린다.
❻ 반죽 가장자리를 중심으로 후자 늘리기 작업을 통해 원하는 크기와 모양을 완성한다.
❼ 화덕에 구워낸다.
❽ 접시에 담고 바질잎, 파르미지아노 레지아노 치즈 가루, 올리브오일을 뿌려 제공한다.

• 방울토마토 콩피를 간단하게 만들 때는 먼저 토마토의 껍질을 제거한 뒤 팬에 가지런히 담고 소금과 설탕으로 간을 한 다음, 타임 잎이나 다진 마늘을 뿌리고 올리브오일을 넉넉히 부어준다. 이후 건조기나 워머에 넣어 반건조 상태가 되도록 익혀 사용한다. 번거롭다면 시판 제품을 사용해도 무방하다.

Pizza Popolo
포폴로

'포폴로'는 이탈리아어로 '국민'을 뜻한다. 이름처럼 남부 이탈리아의 먹거리와 삶이 담긴, 누구나 즐길 수 있는 국민 핏자다. 토마토 소스를 기본 베이스로 사용해 재료 본연의 맛이 잘 살아나며, 선호에 따라 다양한 재료를 추가하거나 바꿔 만들 수 있다.

반죽
나폴리 핏자 반죽 또는
컨템포러리 핏자 반죽 ... 1개

1차 토핑 재료
토마토 소스	1국자 (2oz)
채 썬 프로슈토 코토 또는 모르타델라	몇장
자색 올리브	8~10알
아티초크 (병조림 또는 통조림)	50g
양념한 가지	가지 1/2개 분량
피오르 디 라테 (소젖 모차렐라)	100g
바질	1줄기
엑스트라버진 올리브오일	약간

2차 토핑 재료
파르미지아노 레지아노 치즈 가루	약간
엑스트라버진 올리브오일	약간

만드는 방법
❶ 반죽을 펴준다.
❷ 반죽 중심에 토마토 소스를 붓고 국자를 이용해 원형을 그리며 고르게 발라준다.
❸ 채 썬 프로슈토 코토와 자색 올리브를 올리고 올리브오일을 뿌린다.
❹ 아티초크와 양념한 가지를 올린다.
❺ 피오르 디 라테를 올리고 바질잎을 올린다.
❻ 바질잎과 올리브오일을 뿌린다.
❼ 반죽 가장자리를 중심으로 후자 늘리기 작업을 통해 원하는 크기와 모양을 완성한다.
❽ 화덕에 구워낸다.
❾ 접시에 담고 파르미지아노 레지아노 치즈 가루와 올리브오일을 뿌려 제공한다.

- 가지는 길게 어슷 썰어 소금을 뿌린 후 10분간 절인다. 절여진 가지의 물기를 제거하고 양념으로 간을 해 사용한다.

Pizza con Crema di Zucca
크레마 주카

현대적인 감각으로 재해석한 핏자로, 나폴리에서 재배되는 다양한 호박을 익혀 만든 퓌레를 소스로 사용한다. 호박의 종류에 따라 맛과 향이 달라지므로, 취향에 맞는 품종을 선택하는 것이 좋다. 부드러운 호박 크림은 모르타델라, 살시차, 치즈와 특히 잘 어울려 깊고 조화로운 풍미를 낸다.

반죽

나폴리 핏자 반죽 또는 컨템포러리 핏자 반죽	1개

1차 토핑 재료

호박 크림	70g
훈제 프로볼라 또는 모차렐라 부팔라	70g
그라나 파다노 치즈 가루	약간
바질	1줄기

* 1차 토핑에서 살시차 약 50g을 작게 떼어내 고르게 올려도 좋다.

2차 토핑 재료

모르타델라 또는 프로슈토 크루도	5~6장
바질	약간
엑스트라버진 올리브오일	약간

만드는 방법

❶ 반죽을 펴준다.

❷ 반죽 중심에 호박 크림을 올리고 국자를 이용해 원형을 그리며 고르게 발라준다.

❸ 훈제 프로볼라를 올린다.

❹ 그라나 파다노 치즈 가루를 뿌리고 바질잎을 올린다.

❺ 반죽 가장자리를 중심으로 후자 늘리기 작업을 통해 원하는 크기와 모양을 완성한다.

❻ 화덕에 구워낸다.

❼ 접시에 담고 모르타델라를 접어 올린 후 바질잎과 올리브오일을 뿌려 제공한다.

• 호박 크림은 단호박이나 땅콩호박을 사용하면 당도와 맛이 더 좋다. 만드는 법은 먼저 껍질과 씨를 제거한 호박 500g을 깍둑썰기해 진공 비닐봉투에 담는다. 여기에 올리브유 40g, 아카시아꿀 30g, 소금 한 꼬집을 넣어 진공 포장한다. 그 다음 냄비에 물을 넣고 끓이다가 시머링 상태(약 85~95℃ 정도로 은은하게 끓어 작은 기포가 올라오는 상태)를 유지한 채 봉투를 넣어 약 1시간 동안 익힌다. 충분히 익힌 호박은 믹서에 곱게 갈아 소금이나 설탕으로 맛을 조절해 사용한다.

Pizza Tonno e Cipolle
톤노 & 치뽈레

톤노(캔 참치)는 이탈리아 전역에서 사랑받는 식재료다. 참치는 붉은 양파, 특히 트로페아(Tropea) 품종과 잘 어울리며, 여기에 케이퍼를 곁들이면 감칠맛이 한층 깊어진다. 간단한 재료로 구성되지만 조화로운 풍미로 완성되는 핏자다.

반죽

나폴리 핏자 반죽 또는 컨템포러리 핏자 반죽	1개

1차 토핑 재료

토마토 소스	1국자 (2oz)
모차렐라 부팔라	100g
참치 (통조림)	60~80g
반으로 자른 다테리노 방울토마토	몇 알
적양파 슬라이스	약간
피스타치오 분태	약간
바질	1줄기
엑스트라버진 올리브오일	약간

2차 토핑 재료

엑스트라버진 올리브오일	약간

만드는 방법

❶ 반죽을 펴준다.

❷ 반죽 중심에 토마토 소스를 붓고 국자를 이용해 원형을 그리며 고르게 발라준다.

❸ 모차렐라 부팔라를 고르게 올린다. (필요에 따라 피오르 디 라테를 조금 더 추가할 수 있다.)

❹ 참치와 반으로 자른 다테리노 방울토마토를 군데군데 올린다.

❺ 적양파 슬라이스와 피스타치오 분태를 고르게 뿌린다.

❻ 바질잎을 올리고 올리브오일을 충분히 뿌린다.

❼ 반죽 가장자리를 중심으로 후자 늘리기 작업을 통해 원하는 크기와 모양을 완성한다.

❽ 화덕에 구워낸다.

❾ 접시에 담고 올리브오일을 뿌려 제공한다.

Pizza Burrata e Jamón
(prosciutto crudo)
부라타 & 하몽

부드러움의 대명사인 부라타 치즈와 잠봉의 짭조름한 풍미, 신선한 바질의 향이 더해져 한층 깊은 풍미를 자랑하는 핏자로, 컨템포러리 반죽의 바삭한 식감 또한 매력적이다.

반죽
나폴리 핏자 반죽 또는
컨템포러리 핏자 반죽   1개

1차 토핑 재료
토마토 소스	1국자 (2oz)
피오르 디 라테 (소젖 모차렐라)	80g
바질	1줄기
엑스트라버진 올리브오일	약간

2차 토핑 재료
잠봉 또는 프로슈토 코토	슬라이스 (6장)
부라타 치즈 또는 스트라차텔라	80g
바질	약간
엑스트라버진 올리브오일	약간

만드는 방법
❶ 반죽을 펴준다.
❷ 반죽 중심에 토마토 소스를 붓고 국자를 이용해 원형을 그리며 고르게 발라준다.
❸ 피오르 디 라테를 고르게 올린다.
❹ 바질잎을 올리고 올리브오일을 뿌린다.
❺ 반죽 가장자리를 중심으로 후자 늘리기 작업을 통해 원하는 크기와 모양을 완성한다.
❻ 화덕에 구워낸다.
❼ 접시에 담고 가장자리에 잠봉을 올린 후 부라타 치즈를 통으로 올리거나 잘게 찢어 올린다.
❽ 바질잎과 올리브오일을 뿌려 제공한다.

Pizza Tricolore
트리콜로레

이탈리아 국기를 연상시키는 세 가지 색을 담은 핏자. 이탈리아를 대표하는 향미 채소인 루꼴라, 모차렐라 부팔라, 그리고 다테리노 방울토마토를 사용한다. 여기에 향과 농도가 뛰어난 엑스트라버진 올리브오일과 갓 간 소금을 곁들이면, 신선하고 색다른 풍미를 즐길 수 있다.

반죽

나폴리 핏자 반죽 또는
컨템포러리 핏자 반죽   1개

1차 토핑 재료

토마토 소스 (선택)	1국자 (2oz)
피오르 디 라테 (소젖 모차렐라)	100g
엑스트라버진 올리브오일	약간

2차 토핑 재료

어린 루꼴라	30g
미니 부팔라 또는 보콘치니 부팔라	1개
반으로 자른 다테리노 방울토마토	약간
엑스트라버진 올리브오일	약간
소금	약간

만드는 방법

❶ 반죽을 펴준다.
❷ 반죽 중심에 토마토 소스를 붓고 국자를 이용해 원형을 그리며 고르게 발라준다.
❸ 피오르 디 라테를 고르게 올린 후 올리브오일을 뿌린다.
❹ 반죽 가장자리를 중심으로 후자 늘리기 작업을 통해 원하는 크기와 모양을 완성한다.
❺ 화덕에 구워낸다.
❻ 접시에 담고 어린 루꼴라, 미니 부팔라, 반으로 자른 다테리노 방울토마토를 순서대로 올려 이탈리아 국기를 표현한다.
❼ 올리브오일을 뿌리고 소금으로 간을 해 제공한다.

Pizza Burrata e Mortadella
부라타 & 모르타델라

촉촉하고 부드러운 부라타 치즈와 이탈리아 대표 햄인 짭조름한 모르타델라가 조화를 이루는 핏자. 한입 먹을 때마다 고소함과 부드러움이 더해져, 끝까지 맛있게 즐길 수 있다.

반죽

나폴리 핏자 반죽 또는 컨템포러리 핏자 반죽	1개

1차 토핑 재료

훈제 스카모르차	120g

2차 토핑 재료

모르타델라 슬라이스	6~8장
부라타 치즈	1개
피스타치오 분태	15g
엑스트라버진 올리브오일	약간

만드는 방법

❶ 반죽을 펴준다.
❷ 반죽에 훈제 스카모르차를 고르게 펼친다.
❸ 반죽 가장자리를 중심으로 후자 늘리기 작업을 통해 원하는 크기와 모양을 완성한다.
❹ 화덕에 구워낸다.
❺ 접시에 담고 모르타델라 슬라이스를 접어 고르게 올린다.
❻ 부라타 치즈를 찢어 고르게 올린다.
❼ 피스타치오 분태와 올리브오일을 뿌려 제공한다.

Pizza Quattro Stagioni
꽈트로 스타지오니

☐ NAPOLI   ☑ Rosso
☑ CONTEMPORARY   ☐ Bianco

'꽈트로 스타지오니'는 이탈리아어로 '사계절'을 뜻한다. 이름처럼 봄, 여름, 가을, 겨울의 대표 재료를 한 판에 담아낸 정통 나폴리식 핏자다. 계절감을 살린 다양한 토핑 덕분에 모든 계절에 잘 어울리며, 나폴리의 거의 모든 핏제리아에서 만나볼 수 있는 인기 메뉴다.

반죽

나폴리 핏자 반죽 또는 컨템포러리 핏자 반죽	1개

1차 토핑 재료

토마토 소스	1국자 (2oz)
모차렐라 부팔라	100g
엑스트라버진 올리브오일	약간
아티초크 (병조림 또는 통조림)	60~80g
프로슈토 코토	2장
볶은 양송이 슬라이스	약간
초리조	약간
블랙올리브	약간
볶은 아스파라거스	약간

2차 토핑 재료

엑스트라버진 올리브오일	약간

만드는 방법

❶ 반죽을 펴준다.
❷ 반죽 중심에 토마토 소스를 붓고 국자를 이용해 원형을 그리며 고르게 발라준다.
❸ 모차렐라 부팔라를 고르게 올린 후 올리브오일을 뿌린다.
❹ 아티초크, 프로슈토 코토, 볶은 양송이 슬라이스, 초리조, 블랙올리브, 볶은 아스파라거스를 모양 내어 올린다.
❺ 반죽 가장자리를 중심으로 후자 늘리기 작업을 통해 원하는 크기와 모양을 완성한다.
❻ 화덕에 구워낸다.
❼ 접시에 담고 올리브오일을 뿌려 제공한다.

Pizza Bismarck
비스마르크

비스마르크 스타일의 핏자는 독일 초대 총리 '오토 폰 비스마르크'가 스테이크 위에 반숙 달걀 프라이를 얹어 먹던 방식에서 유래했다. 이 아이디어를 응용해, 핏자 위에 반숙 달걀을 올려 즐기는 메뉴를 '비스마르크'라 부르게 되었다.

반죽

나폴리 핏자 반죽 또는 컨템포러리 핏자 반죽	1개

1차 토핑 재료

토마토 소스	1국자 (2oz)
모차렐라 부팔라	100g
양송이 슬라이스	2개분
볶은 아스파라거스	3~4개
얇게 썬 프로슈토 코토 또는 베이컨	5~6장
바질	1줄기
엑스트라버진 올리브오일	약간
달걀 또는 메추리알	적당량

2차 토핑 재료

엑스트라버진 올리브오일	약간

만드는 방법

❶ 반죽을 펴준다.

❷ 반죽 중심에 토마토 소스를 붓고 국자를 이용해 원형을 그리며 고르게 발라준다.

❸ 모차렐라 부팔라를 고르게 올린다. (필요에 따라 피오르 디 라테를 추가할 수 있다.)

❹ 양송이 슬라이스와 볶은 아스파라거스를 올린다.

❺ 얇게 썬 프로슈토 코토를 올린다.

❻ 바질잎과 올리브오일을 뿌린다.

❼ 반죽 가장자리를 중심으로 후자 늘리기 작업을 통해 원하는 크기와 모양을 완성한다.

❽ 화덕에서 약 25초 굽고 핏자를 꺼낸 뒤, 중심부에 달걀을 올리고 다시 고르게 굽는다.

❾ 접시에 담고 올리브오일을 뿌려 제공한다.

Pizza Bruschettone
브루스케또네

☐ NAPOLI	☑ Rosso	
☑ CONTEMPORARY	☐ Bianco	☑ ☑ ☑

이탈리아에서 식전 음식이나 간식으로 즐겨 먹는 브루스케타를 큼직하게 만든 메뉴다. '브루스케또네'라는 이름은 '대형 브루스케타'를 뜻한다. 여기에서는 컨템포러리 반죽으로 구워 부드럽고 바삭한 식감을 동시에 살렸으며, 계절마다 다른 신선한 식재료를 토핑해 색다르게 즐길 수 있다.

반죽
나폴리 핏자 반죽 또는 컨템포러리 핏자 반죽	1개

1차 토핑 재료
토마토 소스	2oz 1/2국자
훈제 스카모르차	100g
엑스트라버진 올리브오일	약간

2차 토핑 재료
반으로 자른 색색의 방울토마토	몇 알
참치 (캔)	60~80g
카스텔베트라노 올리브	몇 알
보콘치니	9개
삶은 달걀	1개
소금	약간
엑스트라버진 올리브오일	약간

만드는 방법
❶ 반죽을 펴준다.
❷ 반죽 중심에 토마토 소스를 반 국자만 붓고 국자를 이용해 원형을 그리며 고르게 발라준다.
❸ 훈제 스카모르차를 고르게 올린 후 올리브오일을 뿌린다. (필요에 따라 피오르 디 라테를 추가할 수 있다.)
❹ 반죽 가장자리를 중심으로 후자 늘리기 작업을 통해 원하는 크기와 모양을 완성한다.
❺ 화덕에 구워낸다.
❻ 접시에 담고 반으로 자른 방울토마토를 올린다.
❼ 참치, 카스텔베트라노 올리브, 보콘치니, 삶은 달걀을 올린다.
❽ 소금과 올리브오일을 뿌려 제공한다.

Pizza ai Funghi Misti
풍기 미스티

☐  NAPOLI	☐ Rosso	
✓  CONTEMPORARY	✓ Bianco	✓ ✓ ✓

'풍기'는 버섯을 뜻한다. 이 핏자는 이름 그대로 계절에 따라 다양한 버섯을 사용해 버섯의 향과 맛을 돋보이게 한 핏자다. 버섯의 맛을 살리기 위해 토마토 베이스는 쓰지 않고 치즈만으로 조리하는데, 여기에 버섯 퓌레를 기본 베이스로 활용하면 한층 더 깊은 향과 맛을 즐길 수 있다.

반죽
나폴리 핏자 반죽 또는
컨템포러리 핏자 반죽   1개

1차 토핑 재료
양송이버섯 퓌레	50g
피오르 디 라테 (소젖 모차렐라)	90g
볶은 양송이	2~3개 분량
조림용 작은 새송이	약간
볶은 만가닥버섯	약간

2차 토핑 재료
튀긴 마늘 슬라이스	10g
엑스트라버진 올리브오일	약간

만드는 방법
❶ 반죽을 펴준다.
❷ 반죽 중심에 양송이버섯 퓌레를 붓고 국자를 이용해 원형을 그리며 고르게 발라준다.
❸ 피오르디 라테를 고르게 올린다.
❹ 준비한 버섯을 고르게 펼쳐서 올린다.
❺ 반죽 가장자리를 중심으로 후자 늘리기 작업을 통해 원하는 크기와 모양을 완성한다.
❻ 화덕에 구워낸다.
❼ 접시에 담고 튀긴 마늘 슬라이스를 올리고 올리브오일을 뿌려 제공한다.

양송이버섯 퓌레 만들기

재료
- 버터 20g
- 양파 슬라이스 30g
- 양송이버섯 슬라이스 200g
- 감자 슬라이스 100g
- 우유 300g
- 소금과 후추 약간

만드는 방법
① 냄비에 버터를 녹이고 양파를 볶다가 양송이 버섯을 함께 넣고 볶는다.
② 버섯에서 수분이 나오면 감자를 넣고 중불에서 감자가 살짝 익도록 볶는다.
③ 수분에 따라 우유를 넣고 감자가 완전히 익으면 믹서에 넣어 곱게 갈아준다. 이때 원하는 농도에 따라 우유를 첨가할 수 있다.
④ 갈아낸 퓌레에 소금과 후추로 간을 하고 냉장고에 보관하면서 사용한다.

Pizza al Pesto
바질 페스토

	NAPOLI
☐	
✓	CONTEMPORARY

☐ Rosso
✓ Bianco

'페스토(pesto)'는 이탈리아어 '페스타레(pestare, 짓이기다, 빻다)'에서 유래한 것으로, 말 그대로 '빻은 것'을 뜻한다. 이 단어에는 바질이 함축되어 있어 '페스토' 하면 곧 바질을 빻아 만든 양념을 의미한다. 리구리아주를 대표하는 허브인 바질로 만든 양념은 이탈리아 요리에서 빠질 수 없는 중요한 소스이며, 정확한 명칭은 '페스토 알라 제노베세(pesto alla Genovese)'다.

반죽
나폴리 핏자 반죽 또는
컨템포러리 핏자 반죽 — 1개

1차 토핑 재료
바질 페스토	60g
튀긴 감자	8쪽
모차렐라 부팔라	100g
기호에 따라 볶은 빈스	약간
토마토 소스	약간
바질	약간

2차 토핑 재료
바질	약간
엑스트라버진 올리브오일	약간
기호에 따른 파르미지아노 레지아노 치즈 가루	약간

만드는 방법
❶ 반죽을 펴준다.
❷ 반죽 중심에 바질 페스토를 붓고 국자를 이용해 원형을 그리며 고르게 발라준다.
❸ 모차렐라 부팔라를 손으로 작게 떼어내면서 고르게 올린다. (여기서는 볶은 빈스를 사용하지 않았지만, 추가하면 아삭한 식감과 함께 잘 어우러지는 재료다.)
❹ 토마토 소스를 몇 군데 조금씩 올려주고 바질잎과 올리브오일을 뿌린다.
❺ 반죽 가장자리를 중심으로 후자 늘리기 작업을 통해 원하는 크기와 모양을 완성한다.
❻ 화덕에 구워낸다.
❼ 바질잎과 올리브오일을 뿌린다.
❽ 기호에 따라 파르미지아노 레지아노 치즈 가루를 뿌려 제공한다.

바질 페스토

Pizza con la Zucca
주카

'주카(zucca)'는 이탈리아어로 '호박'을 뜻한다. 주키니(zucchini)가 줄무늬가 있는 어린 애호박에 가깝다면, 주카는 우리나라의 늙은 호박처럼 속이 노란 호박이다. 단호박이나 땅콩호박도 이 핏자에 잘 어울린다. 이 핏자의 베이스는 호박으로 만든 퓨레이며, 호박을 볶거나 튀기거나 구워 토핑으로 올린다. 치즈는 모차렐라 디 부팔라를 사용해야 조화롭다.

반죽

나폴리 핏자 반죽 또는
컨템포러리 핏자 반죽   1개

1차 토핑 재료

호박 퓨레	100g
모차렐라 디 부팔라 (물소젓 모차렐라)	100g
반으로 자른 방울토마토	약간
튀긴 단호박 슬라이스	약간
엑스트라버진 올리브오일	약간

2차 토핑 재료

볶은 호박씨	약간
바질	약간
엑스트라버진 올리브오일	약간

만드는 방법

❶ 반죽을 펴준다.
❷ 반죽 중심에 호박 퓨레를 붓고 국자를 이용해 원형을 그리며 고르게 발라준다.
❸ 모차렐라 디 부팔라를 고르게 올린다.
❹ 반으로 자른 방울토마토와 튀긴 단호박 슬라이스를 고르게 올린다.
❺ 올리브오일을 뿌린다.
❻ 반죽 가장자리를 중심으로 후자 늘리기 작업을 통해 원하는 크기와 모양을 완성한다.
❼ 화덕에 구워낸다.
❽ 접시에 담고 볶은 호박씨, 바질잎, 올리브오일을 뿌려 제공한다.

호박 퓨레 만들기

재료
- 냉동 절단 단호박 500g
- 꿀 40g
- 소금 약간
- 엑스트라버진 올리브오일 약간

만드는 방법
① 진공 비닐에 냉동 절단 단호박, 꿀, 소금, 엑스트라버진 올리브오일을 넣어 진공하거나 밀봉한 후 끓는 물에서 약 2시간 익힌다. 진공용 비닐이 없다면 두꺼운 지퍼팩을 이용해 공기를 최대한 빼내어 봉지의 윗부분이 물 밖에 집게로 냄비에 집어 익힌다.
② 익은 호박을 믹서에 곱게 갈아 사용한다.

Pizza di Broccoli
브로콜리

   ✓ Bianco

브로콜리는 호불호가 갈리는 채소이긴 하지만, 한 번 맛을 들이면 특유의 풍미와 함께 영양까지 고루 갖춘 채소라 활용도가 높다. 최근에는 다양한 품종이 등장해 모양과 맛의 폭이 넓어져 선택의 즐거움도 큰 채소다. 이 레시피에서는 원하는 품종의 브로콜리를 선택해 동일한 방식으로 조리해 사용할 수 있다. 컬리플라워도 마찬가지다. 여름철이라면 브로콜리보다 컬리플라워가 훨씬 더 잘 어울릴 것이다.

반죽

나폴리 핏자 반죽 또는 컨템포러리 핏자 반죽	1개

1차 토핑 재료

브로콜리 퓌레	60g
훈제 스카모르차	100g
볶은 줄기 브로콜리	70g
엑스트라버진 올리브오일	약간

2차 토핑 재료

스트라차텔라 치즈	60g
바질	약간
엑스트라버진 올리브오일	약간

만드는 방법

❶ 반죽을 펴준다.
❷ 반죽 중심에 브로콜리 퓌레를 붓고 국자를 이용해 원형을 그리며 고르게 발라준다.
❸ 훈제 스카모르차 치즈를 슬라이스하여 고르게 올린다.
❹ 볶은 줄기 브로콜리를 고르게 올린다.
❺ 올리브오일을 뿌린다.
❻ 반죽 가장자리를 중심으로 후자 늘리기 작업을 통해 원하는 크기와 모양을 완성한다.
❼ 화덕에 구워낸다.
❽ 접시에 담고 스트라차텔라 치즈, 바질잎을 올리고 올리브오일을 뿌려 제공한다.

브로콜리 퓌레 만들기

재료
- 작게 뜯은 브로콜리 500g
- 소금 약간
- 엑스트라버진 올리브오일 약간

만드는 방법
① 브로콜리는 작게 뜯어 끓는 물 2L 기준 소금 15g을 넣고 2~3분간 삶아낸다. 중요한 것은 절대 얼음물에 식히지 말고 팬에 넓게 깔아 냉동실에 넣어 빠르게 식혀주는 것이다.
② 다 식은 브로콜리를 믹서에 넣고 삶았던 물을 믹서가 갈아지기 위한 양만 넣어준 후 올리브오일을 넣고 곱게 갈아준다.
③ 부족한 소금 만큼 간을 해 완성한다.

Pizza Fichi
무화과

'무화과'는 이탈리아어로 '피코(fico)', 복수형은 '피끼(fichi)'다. 이탈리아 전역에서 무화과 나무를 볼 수 있는데, 특히 나폴리 남부 지역에 많다. 야생 무화과와 재배 무화과 모두 크기가 작고 단단하며 달콤하고 선명한 붉은색을 띠어 한국의 무화과와 확연히 다르다. 한국의 무화과는 대체로 크기가 크고 습도가 높아 쉽게 물러 금방 소비해야 하는 단점이 있지만 초가을 한정 메뉴로 선보이기에 좋다. 무화과 핏자는 부라타, 모르타델라, 프로슈토 크루도 또는 코토와 곁들였을 때 뛰어난 조화를 이룬다.

반죽

나폴리 핏자 반죽 또는
컨템포러리 핏자 반죽   1개

1차 토핑 재료

피오르 디 라테 (소젖 모차렐라)   약간
엑스트라버진 올리브오일   약간

2차 토핑 재료

무화과 슬라이스   무화과 3~4개 분량
무화과 리플잼   약간
기호에 따라 프로슈토 또는 모르타델라 약간
엑스트라버진 올리브오일   약간

만드는 방법

❶ 반죽을 펴준다.
❷ 반죽 중심에 피오리 디 라떼를 고르게 올린다.
❸ 올리브오일을 뿌린다.
❹ 반죽 가장자리를 중심으로 후자 늘리기 작업을 통해 원하는 크기와 모양을 완성한다.
❺ 화덕에 구워낸다.
❻ 접시에 담고 무화과 슬라이스를 고르게 올리고, 무화과 리플잼을 소량씩 군데군데 올린다. (여기서는 사용하지 않았지만 함께 곁들이면 잘 어울려 추천한다.)
❼ 올리브오일을 뿌려 제공한다.

Pizza Fritta
프리따

나폴리에는 의외로 튀긴 핏자를 파는 전문점이 많다. 대표적인 곳은 본 서적의 서두에서 소개한 디 마테오(Di Matteo)로, 클린턴 대통령이 방문하면서 더욱 유명해졌다. 이곳의 시그니처 메뉴가 바로 튀긴 핏자다. 계절마다 다른 재료를 활용해 만드는 튀긴 핏자를 즐기는 것도 좋은 방법이다.

반죽

컨템포러리 핏자 반죽	140g 2개

재료

리코타	150g
모르타델라	50g
피오르 디 라테 (소젖 모차렐라)	50g
방금 간 신선한 후추	약간
토마토 소스	적당량

만드는 방법

❶ 반죽 2장을 각자 펴준다.

❷ 먼저 반죽 1장의 중심에 리코타와 모르타델라, 피오르 디 라테를 올린 후 후추를 뿌린다. (가장자리 약 2cm 정도는 남기고 토핑한다.)

❸ 나머지 한 장의 반죽을 토핑한 재료 위에 덮어 원형을 중심으로 가장자리를 눌러 붙인다. 이때 중요한 것은 터지지 않게 균일한 힘을 주어 잘 고정시키는 것이다.

❹ 170℃로 예열된 튀김 기름 속에 조심스럽게 넣어 튀긴다.

❺ 기름에 닿아 있는 면이 황금색으로 색이 나면 다시 뒤집어 양면을 고르게 색을 낸다.

❻ 모든 재료가 다 익으면 기름이 요동치지 않고 잔잔히 질 것이다. 이때 기름 흡수지(유산지)에 꺼낸다.

❼ 접시에 담아 제공한다.

❽ 기호에 따라 토마토 소스를 별도 용기에 담아 제공한다.

Panzerotti
판제로띠

	NAPOLI	✓	Rosso
✓	CONTEMPORARY		Bianco

이탈리아 풀리아(Puglia) 지방에서 시작된 판제로토(panzerotto)는 남은 빵 반죽을 활용해 토마토와 모차렐라 치즈를 넣고 반달 모양으로 접어 만든 것이 시초이다. 일반적으로는 복수형인 판제로티(panzerotti)라는 용어를 사용한다. 이탈리아의 일부 지역에서는 판제로티를 칼초네(calzone)와 혼용하기도 하지만, 두 가지는 크기와 재료에서 분명히 차이가 있다. 판제로티는 작은 초승달 모양 반죽에 치즈와 토마토 조각을 넣어 튀겨낸 음식이고, 칼초네는 더 큰 크기의 반죽에 다양한 속재료를 넣어 화덕에 구운 음식이다. 현대에는 비가(biga)를 이용한 핏자 반죽으로도 만들며, 지역에 따라 다른 이름으로 불린다. 나폴리에서는 간단히 '핏자 프리타(pizza fritta)', 시칠리아에서는 '칼초네 프리또(calzone fritto)', 메시나 지역에서는 '피토네(pitone)'라고 부른다.

반죽

컨템포러리 핏자 반죽	60g 6개

재료

토마토 소스	100g
모차렐라 디 부팔라	150g
바질	1줄기
엑스트라버진 올리브오일	약간

만드는 방법

1. 60g의 반죽 6개를 모두 큼직하게 펴준다.
2. 반죽의 절반 중심에 토마토 소스와 모차렐라 부팔라, 바질잎을 올린다. (기호에 따라 파르미지아노 레지아노 치즈 가루를 추가해도 좋다.)
3. 반죽을 반달 모양으로 포개어 포개진 쪽의 입구를 모두 꾹꾹 눌러 완벽히 고정시킨다.
4. 170℃의 튀김 기름에 넣고 앞뒤로 뒤집어가며 고르게 황금색을 내며 튀겨준다.
5. 접시에 담아 제공한다.

로마식 핏자 알아보기

'로마식 핏자'라는 명칭은 원래부터 존재한 것은 아니다. 세월의 흐름 속에서 이탈리아의 심장부인 로마는 세계적인 관광지로 자리 잡았고, 수많은 관광객들이 이탈리아 핏자에 열광하면서 그들의 입맛에 맞추어 변형된 스타일이 생겨났다. 그렇게 탄생한 것이 오늘날 '로마식 핏자'라 할 수 있다. 아래는 로마식 핏자와 관련해 다양한 이름으로 판매되는 제품들이다.

① 조각 핏자 Pizza al taglio, Pizza in teglia

핏자 알 탈리오(pizza al taglio) 또는 핏자 인 텔리아(pizza in teglia)는 발효된 반죽을 손으로 자연스럽게 펴거나 토핑을 얹어 직사각형 알루미늄 팬에 구워낸 핏자다. 구운 후 추가 재료를 올려 다시 굽기도 하며, 완성된 핏자는 무게를 달아 판매하거나 조각으로 잘라 판매한다. 스트리트 푸드, 핑거 푸드의 성격을 지니며 손으로 들고 다니며 먹기 좋다는 장점이 있다.

② 팔라 핏자 Pizza alla pala

팔라 핏자는 위의 핏자 알 탈리오, 핏자 인 텔리아와 유사한 형태의 사각형 핏자를 가리킨다. '팔라(pala)'라는 나무 삽 모양의 도구 위에서 반죽을 늘려 구워낸 데서 이름이 유래했다.

③ 로마 핏자 Pizza romana

로마식 둥근 핏자는 나폴리 핏자 반죽에 올리브유를 첨가한 반죽을 사용한다. 수분율이 높지 않아 반죽이 단단하고, 밀대를 이용해 펴는 경우가 많다. 두께가 매우 얇고 바삭하며, 나폴리 핏자의 촉촉함과 졸깃함과는 차별화된 스타일이다. 현재는 로마식 둥근 핏자는 점차 사라지는 추세에 있다.

④ **핀사** Pinsa

핀사는 로마에서 유래한 사각형 스타일의 핏자로, 핏자 알 탈리오나 핏자 인 텔리아와 비슷한 맥락에서 등장했다. 일반적으로 반죽에 밀가루뿐 아니라 쌀가루, 병아리콩가루 등을 혼합해 만들어 가볍고 소화가 잘되는 특징을 지닌다.

Pizza in Teglia
사각 핏자

비가 반죽 **수분율 75%**

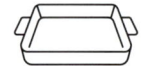

철판 29 × 39 × 5cm 컨벡션 오븐 데크 오븐
2개 분량 250℃ 5분 - 160℃ 5분 250℃ 약 12~13분

비가 ❖

물	500g
생이스트	7g
강력분	1000g

만드는 방법

❶ 계량컵에 물을 담고 생이스트를 잘 녹여준다.

❷ 큰 사각통에 강력분을 넣고 물을 조금씩 넣어주며 주걱으로 잘 저어 혼합한 다음, 반죽의 일부를 손으로 반죽을 쥐었다 폈다 하면서 작은 덩어리로 뭉치게 작업한다. 중요한 것은 날가루가 보이지 않도록 최대한 균질하게 이어가는 것이다. 가정용 반죽기를 이용해도 되며, 양이 많아질 경우 스파이럴 반죽기를 이용해도 된다. 비가 혼합 시간은 3~5분 정도 소요된다.

❸ 완성된 비가를 사각통 바닥에 평평하게 눌러 랩을 씌운다.

❹ 뚜껑을 덮고 실온에서 2~3시간 발효한 후 냉장고에 넣고 16~24시간 뒤에 사용한다.

본반죽

비가 ❖	전량
물	250g
생이스트	4g
소금	25g

만드는 방법

❶ 냉장고에 둔 비가를 꺼내어 절단하면 발효종(lievitomadre)처럼 보인다. 절단된 비가를 믹싱볼에 넣고 생이스트를 잘게 넣어 준다.

❷ 생이스트가 녹을 수 있도록 물을 50g 정도 넣고 반죽기를 저속으로 가동한다. 물을 거의 다 흡수하면 계속해서 조금씩 물을 첨가해 수화시켜 준다. 이 과정은 약 6~8분 소요된다.

❸ 소금을 넣고 속도를 높여 약 10분 정도 믹싱을 진행하는데, 최종 2~3분을 남기고 남은 물을 소진해야 한다.

❹ 반죽 표면에 공기 방울이 피어오르고 '딱딱' 터지는 소리가 들리면, 작업의 마무리 단계에 도달한 것이다. 이 단계가 되면 반죽기에서 완성된 반죽을 작업대 위에 꺼낸다.

❺ 꺼낸 반죽에 마르지 않게 오일을 바르고 30분간 휴지시키면 반죽이 매우 잘 늘어날 것이다.

❻ 반죽을 60분 단위로 몇 번 폴딩한다.

❼ 완성된 반죽을 2개로 분할한다. 한 개의 무게는 대략 850~900g 정도이다.

❽ 올리브오일을 바른 투명 사각용기에 반죽을 넣고 실온에 3시간을 두면 반죽이 사각통의 모든 면이 꽉 채워질 것이다.

❾ 철판에 올리브오일을 바르고 반죽을 철판 위에 엎으면 반죽이 천천히 떨어진다.

❿ 떨어진 반죽의 윗면에 올리브오일을 바르고 손가락으로 누르면서 사각 모퉁이까지 반죽을 균일하게 채워나간다. 그 다음 30분간 실온에 둔다.

⓫ 250℃로 예열된 오븐에 5분간 굽고 160℃로 낮춰 5분 더 구워낸다.

Pizza in Teglia al Pomodoro e Mozzarella
토마토와 모차렐라를 올린 사각 핏자

비가 반죽　**수분율 80%**

철판 29 × 39 × 5cm
2개 분량

컨벡션 오븐
250℃ 5분 - 160℃ 5분

데크 오븐
250℃ 약 12~13분

비가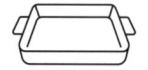

물	250g
생이스트	5g
강력분	500g

만드는 방법

❶ 계량컵에 물을 담고 생이스트를 잘 녹여준다.

❷ 큰 사각통에 강력분을 넣고 물을 조금씩 넣어주며 주걱으로 잘 저어 혼합한 다음, 반죽의 일부를 손으로 반죽을 쥐었다 폈다 하면서 작은 덩어리로 뭉치게 작업한다. 중요한 것은 날가루가 보이지 않도록 최대한 균질하게 이어가는 것이다. 가정용 반죽기를 이용해도 되며, 양이 많아질 경우 스파이럴 반죽기를 이용해도 된다. 비가 혼합 시간은 3~5분 정도 소요된다.

❸ 완성된 비가를 사각통 바닥에 평평하게 눌러 랩을 씌운다.

❹ 뚜껑을 덮고 실온에서 2~3시간 발효한 후 냉장고에 넣어 16~24시간 둔다.

오토리즈

강력분	500g
물	250g

만드는 방법

❶ 믹싱볼에 강력분을 넣는다.

❷ 저속으로 가동하면서 물을 넣어 날가루가 보이지 않도록 잘 혼합한다.

❸ 약 5분간 저속에서 믹싱한 후 랩을 씌워 냉장고에 보관한다.

본반죽

비가 ✤	전량
오토리즈 ✤	전량
물	300g
생이스트	2g
소금	25g

토핑 재료

엑스트라버진 올리브오일

토마토 소스

모차렐라 치즈

바질 (선택)

기호에 따라

파르미지아노 레지아노 치즈 가루

만드는 방법

❶ 냉장고에 둔 비가와 오토리즈를 꺼내 작게 절단한 후 생이스트와 함께 믹싱볼에 넣는다.

❷ 생이스트가 녹을 수 있도록 물을 50g 정도 넣고 반죽기를 저속으로 가동한다. 물을 거의 다 흡수하면 계속해서 조금씩 물을 첨가해 수화시켜 준다. 이 과정은 약 6~8분 소요된다.

❸ 소금을 넣고 속도를 높여 약 10분 정도 믹싱을 진행하는데, 최종 2~3분을 남기고 남은 물을 소진해야 한다.

❹ 반죽 표면에 공기 방울이 피어오르고 '딱딱' 터지는 소리가 들리면, 작업의 마무리 단계에 도달한 것이다. 이 단계가 되면 반죽을 작업대 위에 꺼낸다.

❺ 꺼낸 반죽에 마르지 않게 오일을 바르고 30분간 휴지시키면 반죽이 매우 잘 늘어날 것이다.

❻ 반죽을 60분 단위로 몇 번 폴딩한다.

❼ 완성된 반죽을 2개로 분할한다. 한 개의 무게는 대략 850~900g 정도이다.

❽ 투명 사각용기에 반죽을 넣고 실온에 3시간을 두면 반죽이 사각통의 모든 면이 꽉 채워질 것이다.

❾ 철판에 올리브오일을 바르고 반죽을 철판 위에 엎으면 천천히 떨어진다.

❿ 떨어진 반죽의 윗면에 올리브오일을 바르고 손가락으로 누르면서 사각 모퉁이까지 반죽을 균일하게 채워나간다.

⓫ 윗면에 토마토 소스를 촉촉하게 모두 발라준다.

⓬ 250℃로 예열된 오븐에 5분간 굽고 160℃로 낮춰 5분 더 구워낸다.

⓭ 다시 윗면에 모차렐라 치즈, 바질잎, 파르미지아노 레지아노 치즈 가루를 올리고 약 2분간 구워낸다.

Pizza in Teglia con Pesto e Mozzarella

페스토와 모차렐라가 들어간 사각 핏자

직접 반죽법   **수분율 80%**

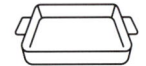

철판 29 × 39 × 5cm
2개 분량

컨벡션 오븐
250℃ 5분 - 160℃ 5분

데크 오븐
250℃ 약 12~13분

재료

강력분	1000g
생이스트	7g
차가운 얼음물	650+150g
소금	27g

토핑 재료

바질 페스토	150g
피오르 디 라테 (소젖 모차렐라)	200g
엑스트라버진 올리브오일	약간
파르미지아노 레지아노 치즈 가루	약간

만드는 방법

❶ 믹싱볼에 강력분과 생이스트를 넣는다.

❷ 차가운 물 650g을 천천히 넣어가며 믹싱한다.

❸ 완벽하게 하나의 반죽으로 뭉쳐지면 나머지 물 150g의 절반(75g)을 넣고 잘 혼합한 후 소금을 넣는다.

❹ 나머지 물(75g)을 조금씩 넣는다.

❺ 믹싱 시 호박 모양의 결이 생길 때까지 믹싱한다.

저온 숙성 12시간

오일을 바른 밀폐 용기에 넣어 실온에서 1시간(온도에 따라 더 빨리 또는 더 늦게 넣을 수 있다. 중요한 건 생이스트가 활성화될 수 있는 온도까지는 실온에 두어야 한다는 것) 놓아두었다가 다시 냉장고에서 넣어 12시간을 숙성시킨다.

다음 날

❶ 개당 900g씩 2개로 분할한다.

❷ 오일을 바른 밀폐용기 2개를 준비하여 분할된 반죽을 중심에 넣어 뚜껑을 덮어 3시간 정도 둔다. (시간이 흐르면서 반죽은 밀폐 용기 바닥에 적당한 두께로 모양이 잡히게 된다.)

❸ 만약 너무 빨리 부풀면 재빨리 냉장고에 넣어 발효를 최대한 억제시킨다.

3시간 후

오븐을 260℃로 맞춘다.

바질 페스토

반죽 펴기

❶ 사각 팬에 올리브오일을 바른다.

❷ 밀폐용기의 반죽을 팬에 엎어 놓고 떨어질 때까지 기다린다. 반죽이 용기에서 떨어지면 용기를 제거한다.

❸ 손가락으로 균형 있게 눌러 납작하게 직사각에 모양을 형성한다.

❹ 나머지 1개의 반죽도 동일한 방법으로 작업한다.

❺ 250℃로 예열된 오븐에 5분간 굽고 160℃로 낮춰 5분 더 구워낸다.

❻ 다시 윗면에 바질 페스토를 바르고 피오르 디 라테를 고르게 토핑한 후 올리브오일과 파르미지아노 레지아노 치즈 가루를 올려 약 2분간 구워낸다.

Pizza in Teglia con Patate e Rosmarino

감자와 로즈마리를 곁들인 사각 핏자

비가 반죽 **수분율 80%**

철판 29 × 39 × 5cm
2개 분량

컨벡션 오븐
250℃ 5분 - 160℃ 5분

데크 오븐
250℃ 약 12~13분

【 Biga; 비가 】 ※ 아침 11시에 반죽 시작

재료 ❖

강력분	1000g
이스트	2g
(saf 세미 드라이 이스트 레드)	
물	550g

만드는 방법

❶ 믹싱볼에 강력분과 이스트를 넣고 저속으로 회전하면서 일정하게 물을 넣어가며 강력분이 물을 고르게 흡수할 수 있도록 5분 정도 믹싱한다.

❷ 날가루가 보이지 않는 상태가 되면 투명 사각통에 평평하게 넣고 랩을 씌운 후 뚜껑을 덮는다.

저온 숙성 24시간

실온(약 25℃)에서 약 2~시간 정도 두면 대략 1cm 정도 발효가 된 것을 확인할 수 있을 것이다. 환경에 따라 더 빨리 발효가 되거나 더 늦게 되는 경우가 있는데 결과적으로 1cm 정도 올라오면 냉장고(약 5℃)에 넣어 24시간 저온 숙성한다.

【 본반죽 】 ※ 다음 날 아침 11시에 본반죽 시작

재료

비가 ❖	전량
이스트	1g
(saf 세미 드라이 이스트 레드)	
몰트엑기스	20g
물	100g
소금	22g
조정수	150g
올리브오일	80g

토핑 재료

감자 슬라이스	감자 6개 분량
엑스트라버진 올리브오일	50g
고운소금	약간
파르미지아노 레지아노 치즈 가루	적당량
다진 로즈메리	20g

만들기

1. 믹싱볼에 비가 반죽 전량을 작게 등분하여 넣는다.
2. 이스트를 넣어준다.
3. 몰트엑기스를 넣는다.
4. 물(100g)을 20g씩 비가에 나눠 넣어가며 모두 흡수되도록 저속으로 믹싱한다. 약 5~6분 정도 소요된다.
5. 물이 모두 흡수되면 속도를 빠르게 올려 믹싱한다. 믹싱하면서 남은 조정수 150g을 역시 20g씩 넣어가며 반죽이 수화되도록 믹싱한다. 8분 이내에 실행한다.
6. 조정수가 모두 흡수되면 저속으로 낮춰 2분간 믹싱해 완성한다.
7. 투명 사각 용기 2개에 올리브오일을 바르고 반죽을 나눠 넣는다.
8. 뚜껑을 덮고 30분간 실온에 둔다.
9. 다시 뚜껑을 열고 반죽을 상하좌우 4번 폴딩한다.
10. 다시 뚜껑을 닫고 실온에 약 3시간 둔다.

3시간 후

오븐을 250℃로 맞춘다.

반죽 펴기

11. 사각 철판의 바닥과 측면에 올리브오일을 바른다.
12. 4시간을 둔 반죽 용기의 뚜껑을 열고 사각 철판 위에 엎어 올린다.
13. 손에 올리브오일을 묻힌 후 손으로 반죽의 중심에서 바깥쪽으로 누르면서 반죽을 펴준다.
14. 펼친 반죽 위에 얇게 썬 감자 슬라이스를 촘촘히 반죽이 보이지 않게 충분히 올린다. (감자는 올리브오일, 소금, 후추, 로즈메리로 미리 양념해 둔 것을 사용한다.)
15. 윗면에 다시 올리브오일을 골고루 뿌린다.
16. 고운소금, 파르미지아노 레지아노 치즈 가루, 다진 로즈메리를 뿌린다. (치즈의 종류는 페코리노 로마노, 그라나 파다노 모두 좋다.)
17. 250℃로 예열된 오븐에서 굽는다.
18. 기호에 따라 구워진 핏자의 가운데를 잘라 모르타델라와 부라타를 넣어 다시 덮어 파니니 형태로 만들어도 좋다.

학생들이 궁금해 하는 몇 가지 사항들을 정리해 보았다. 아래 내용은 세미나, 모임, 다른 코스의 교재들에서 모아 온 것으로, 경우에 따라서는 'Vera Pizza Napoletana'의 규율과 상충되어 보일 수도 있다. 그러나 실제 과정에서는 몇 가지 핵심 사항을 명확히 이해하는 데 도움이 된다.

Q1 장작 화덕은 하루에 어느 정도의 장작을 소비하나요?

A 중간 크기의 장작 화덕은 보통 시간당 약 5~7kg의 장작을 소비합니다.

Q2 화덕에서 핏자가 구워질 때 온도별로 어떤 변화가 일어나게 되나요?

A 약 30℃ : 효모가 강하게 활동하며 이산화탄소가 형성되고, 당의 효소적 생산이 이루어집니다.
35~40℃ : 효모가 알코올 발효를 일으키며 매우 활발히 활동합니다.
40~50℃ : 효모의 활동이 점차 줄어들고 사멸하기 시작하며, 이 시기에 산이 생성됩니다.
50~60℃ : 핏자의 내부가 빵처럼 형성되고 외피가 만들어지며, 전분의 호화 과정이 시작됩니다.
60~80℃ : 효소 활동이 감소하지만, 알파아밀라아제와 베타아밀라아제 같은 일부 효소는 약 90℃까지도 작용할 수 있습니다. 다만 신 반죽의 경우 알파아밀라아제와 베타아밀라아제의 활동이 더 빨리 사라집니다.
100℃ 전후 : 반죽 내 수분이 증발합니다.
100~170℃ : 반죽의 가장자리가 캐러멜화되면서 점차 어두운 갈색을 띠게 됩니다.

Q3 전도, 대류, 복사를 통한 익힘은 어떻게 이뤄지는 것입니까?

A 전도 : 오븐 바닥에 직접 닿은 도우를 통해 열이 전달되면서 익습니다.
대류 : 오븐 내부에서 발생한 열기가 움직이며 생기는 입자들의 운동 에너지가 핏자에 전달되어 익습니다.
복사 : 오븐의 옆 벽과 천장에서 방출되는 복사열이 핏자에 전해져 익습니다.

Q4 충분히 숙성되지 않았거나 제대로 부풀리기가 되지 않은 핏자는 어떠한가요?

A 숙성되지 않은 핏자는 질기고, 표면에 검은 반점이 생기며 내부가 덜 익어 날것 같은 상태가 됩니다. 또한 소화가 잘되지 않는다는 단점도 있습니다.

Q 5 반죽의 부풀리기와 숙성의 차이는 무엇인가요?

A 부풀리기는 발효 과정에서 탄소가스와 에탄올이 생성되며 반죽의 부피가 증가하는 단계를 말하며, 이 과정은 전분의 변형과 함께 일어납니다. 반면 숙성은 약 300여 가지의 효소적 반응이 일어나며 글루텐이 구조적으로 변형되는 과정을 말합니다.

Q 6 왜 반죽 과정에서 소금은 절대 효모와 직접 접촉되지 않게 하나요?

A 소금은 효모를 비활성화시키면서 세포들을 파괴하기에 직접 접촉이 되지 않도록 해야 합니다.

Q 7 경도가 강한 물은 반죽에 어떤 영향을 줄 수 있나요?

A 경도가 지나치게 강한 물은 반죽이 질기고 펴기가 힘들도록 하며 글루텐(글루텐망)을 뻣뻣하게 합니다.

Q 8 소금은 반죽에서 어떤 활동을 하나요?

A 반죽에 소금을 첨가하는 것은 효모의 발효 활동을 늦춰 줍니다.

Q 9 설탕은 반죽에서 어떤 작용을 하나요?

A 반죽에서 설탕은 발효를 가속화합니다. (참고로 나폴리식 반죽에는 설탕이 들어가지 않습니다.)

Q 10 반죽에는 몇 가지 방법이 있나요?

A 반죽은 직접, 간접, 반간접 세 가지 방법이 있습니다. VPN에서 요청하는 사항은 직접 반죽입니다.

Q 11 다른 형태의 반죽들 사이에 차이는 무엇인가요?

A 직접 반죽법은 모든 재료를 한 번에 넣어 반죽하는 방식입니다. 빈면 긴접 빈죽법은 두 단계로 반죽하는 방식으로, 먼저 액체 사전 반죽(풀리시)이나 고체 사전 반죽(비가)을 만든 뒤, 이를 기반으로 최종 반죽을 완성하는 방식입니다.

Q 12 된반죽은 부드러운 반죽보다 반죽 시간이 더 짧은가요?

A 된반죽은 반죽 과정에서 더 강한 물리적 힘을 받습니다. 그 결과 글루텐망이 부드러운 반죽보다 더 빠르게 형성되며, 반죽 시간이 짧아집니다.

Q 13 반죽의 질감이 좀 더 단단한 경우 효모가 더 필요한가요 덜 필요한가요?

A 반죽이 좀 더 단단한 경우 부드러운 반죽보다 효모를 더 필요로 합니다.

Q 14 어떤 반죽이 시간이 좀 더 필요하나요?

A 부드러운 반죽은 더 단단한 반죽보다 반죽 시간이 더 길게 됩니다.

Q 15 된반죽을 수정할 수 있나요?

A 된반죽은 물의 양을 증가하거나 반죽 시간을 줄여 수정할 수 있습니다.

Q 16 된반죽은 어떠한가요?

A 된반죽은 질기고 겉면이 건조하며 흰 아이보리 색을 띄고 공 모양으로 만들 때 닿는 부분의 작업이 어려우며, 반죽을 원판으로 펼치는 작업도 쉽지 않습니다.

Q 17 반죽을 하는 동안 어떤 일이 일어나나요?

A 재료들이 혼합되고 글루텐망의 형성이 일어납니다.

Q 18 신 반죽의 자연 효모는 어떻게 만드나요?

A 신 반죽용 자연 효모(lievito naturale da impasto acido)는 밀가루와 물을 반죽하여 여러 기간에 걸친 숙성과 재생 과정을 거쳐 만들어집니다. 발효 속도를 빠르게 하고자 할 때는 요구르트, 꿀, 잘 익은 과일 등을 활용할 수도 있습니다.

Q 19 자연 효모(lievito naturale)는 어떻게 만들어지나요?

A 자연 효모를 만드는 방법은 크게 세 가지로 나눌 수 있습니다. 첫째, 산성화된 반죽을 이용하는 방법, 둘째, 모체 반죽을 활용하는 방법, 셋째, 유산균 발효제를 사용하는 방법입니다.

Q 20 지나치게 소금이 많이 들어간 핏자(반죽)는 어떤 단점을 가지나요?

A 핏자 반죽에 소금이 필요 이상으로 많으면 가장자리가 지나치게 어두운 색으로 변하고, 반죽 속 벌집 모양의 기공이 충분히 발달하지 못합니다. 그 결과 전체적인 부피도 제대로 성장하지 않습니다.

Q 21 소금은 최종 제품(핏자)에 어떤 영향을 끼치나요?

A 소금은 색과 바삭함, 풍미에 영향을 끼칩니다.

Q 22 핏자 반죽에 소금을 몇 %로 첨가해야 하나요?

A 첨가하는 소금의 비율은 사용하는 밀가루의 종류와 비교하여 조절해야 합니다. 더 정제된 밀가루(체치기를 거친 00타입)는 무기염 함량이 적고, 덜 정제된 통밀 타입은 무기염을 더 많이 함유하기 때문입니다. 일반적으로 최적의 소금 양은 물 1L당 40~60g 정도이며, AVPN의 규정은 약 50g을 기준으로 합니다.

Q 23 소금이 없는 반죽은 어떤 상태인가요?

A 소금이 없는 반죽은 끈적하고 물컹하며 질감이 부족하고 작업이 어렵습니다. 또한 너무 흰색을 띄게 되고 발효적 특성을 더 빨리 증가시키게 됩니다.

Q 24 이산화탄소의 성장에 소금은 어떤 반응을 보이나요?

A 균질한 제품이 되고 벌집 기공이 곱고 규칙적으로 되며 이산화탄소(탄소 가스)의 성장을 소금이 줄이게 됩니다.

Q 25 소금은 어떤 방충적 특성을 가지나요?

A 방충적 특성을 가지는 소금은 특히 유산, 초산, 뷰티릭산과 호모 발효들과 헤테르 발효를 늦추며 부풀리기에 반응합니다.

Q 26 반죽에서 소금이 어떤 다른 역할을 하나요?

A 소금은 가소성, 탄력성을 주며 균과 야생효모(Schizomiceti) 증식을 늦추거나 막아 산화되거나 변질되는 것을 막는 방부제 역할을 합니다.

Q 27 반죽에서 소금은 어떤 반응을 하나요?

A 반죽물에 질감을 부여하며 밀가루에 있는 글리아딘과 글루테닌 단백질이 반응하면서 정전적 특성의 영향으로 글루텐 형성과 글루텐망 형성에 반응합니다.

Q 28 낮은 아밀라아제 활성을 가진 밀가루로 반죽하고 핏자를 만들면 어떤 결과가 나타나나요?

A 아밀라아제는 밀가루 속 전분을 분해해 효모가 발효에 사용할 수 있는 당을 만들어내는 효소입니다. 그런데 아밀라아제 활성이 낮으면 당의 생성이 충분히 이루어지지 않습니다. 이 경우 반죽은 쉽게 건조되고 표면에 딱딱한 껍질이 형성되며, 굽는 과정에서도 당이 부족해 색이 잘 나지 않고 풍미도 떨어지게 됩니다.

Q 29 높은 아밀라아제 활성을 가진 밀가루로 반죽하고 핏자를 만들면 어떤 결과가 나타나나요?

A 아밀라아제 활성이 지나치게 높으면 전분이 과도하게 분해되어 당의 양이 많아집니다. 이로 인해 반죽은 끈적거리고 서로 달라붙으며, 수분이 쉽게 빠져나오려는 성질을 보입니다. 이렇게 만든 핏자는 굽는 과정에서 당이 너무 많아 표면이 빠르게 색이 나고 쉽게 타버릴 수 있습니다.

Q 30 밀가루의 숙성 시간은 무엇이 좌우합니까?

A 시간과 외부 습도, 보관 장소, 산화 환경에 달렸습니다.

Q 31 알베오그램(alveogram)은 무엇을 표시하나요?

A 알베오그램은 반죽의 물리적 특성을 수치로 보여주는 도구입니다. 구체적으로는 반죽의 변형에 대한 저항력(P), 확장력(L), 재팽창력(G), 그리고 밀가루의 힘(W)을 측정합니다. 특히 W 값은 밀가루의 강도를 나타내는데, W가 350 이상으로 높으면 조밀하고 저항력 있는 글루텐망이 형성되어 질긴 반죽을 만들고, W가 250 이하로 낮으면 쉽게 부서지는 약한 글루텐망이 형성되어 약한 반죽이 됩니다.

Q 32 P와 L의 관계는 무엇인가요?

A P와 L의 관계는 반죽의 저항력과 팽창력의 관계입니다. 이는 밀가루의 형태를 결정 짓습니다. 확장력, 저항력, 균형

Q 33 균형잡힌 P와 L의 관계는 무엇인가요?

A 0.5 - 0.6이 균형이 잡힌 상태임을 표합니다.

Q 34 쇼팡 알베오그래프 alveografo Chopin은 무엇을 측정하나요?

A alveografo Chopin은 효모를 통한 변형에 밀가루의 확장력, 힘, 저항력을 측정합니다.

Q 35 알파/베타 아밀라아제는 무엇입니까? 반죽에서 어떤 기능을 가지나요?

A 내부는 알파 아밀라아제로 외부는 베타 아밀라아제로 전분 분자를 공격하는 효소들입니다. 효소로 포도당으로 분해 될 덱스트린과 말토오스를 형성하면서 지마아제 라고 부르는 효모에 존재합니다.

Q 36 알파 아밀라아제가 활동이 적을 때 반죽에 어떤 일이 일어나나요?

A 반죽이 마르게 되고 핏자는 쉽게 부서지며 부풀지 않습니다.

Q 37 알파 아밀라아제가 너무 활동하면 반죽에 어떤 영향을 끼치나요?

A 덱스트린으로 전분 분자의 파괴가 일어나 수분을 더 이상 함유하지 않고 끈적한 반죽을 갖게 될 것이며 핏자는 축축하고 가장자리는 색이 너무 나게 됩니다.

Q 38 펜토산이란 무엇입니까? 반죽에서 어떤 역할을 하나요?

A 펜토산은 밀가루에 소량 존재하는 다당류입니다. 중요성이 큰데 이유는 이 무게에 비해 수분을 많이 함유할 수 있는 능력을 가지기 때문입니다.

Q 39 글리아딘 함량이 높은 밀가루는 강력분인가요?

A 아닙니다. 강력분은 글리아딘에 비해 글루테닌 비율이 더 많아야 합니다.

Q 40 밀가루의 절대 힘은 어떻게 정의됩니까?

A 절대 힘은 글루텐 단백질의 존재 비율에 따라 정의됩니다.

Q 41 글루텐이란 무엇입니까?

A 글루텐은 프롤라민과 글루텔린의 복합물입니다. 프롤라민은 글리아딘 단백질을 가지고 글루텔린은 글루테닌 단백질을 가집니다.

Q 42 알코올 발효는 어떻게 이뤄집니까?

A 알코올 발효는 에틸 알코올과 이산화탄소로 포도당이 변형하는 것으로 이는 지마아제라고 부르는 효소를 발생하며 반응하는 단세포 미생물들에 의해 이뤄집니다.

Q 43 밀 반죽에서 알코올 발효는 어떻게 이뤄지나요?

A 밀가루에서 알코올 발효는 디아스타제로 불리는 효소를 통해 전분의 발효 가능한 당(맥아당, 포도당) 으로의 변형으로 이뤄집니다.

Q 44 효소는 무엇이며, 반죽에서 어떤 기능을 하나요?

A 효소는 세포 내부에서 일어나는 다양한 화학 반응을 촉진하는 촉매제입니다. 효소의 활동은 작업 온도나 산성도 같은 환경 조건에 크게 영향을 받습니다. 반죽 과정에 관여하는 주요 효소로는 프로테아제(Protease), 아밀라아제(Amylase), 리파제(Lipase), 리폭시게나아제(Lipoxygenase), 자당분해효소(Invertase), 이성화효소(Isomerase), 말타아제(Maltase), 지마아제(Zymase)가 있습니다. 이 효소들은 단백질, 전분, 지질, 당, 맥아당 등을 분해하여 더 단순한 물질로 전환시키며, 그 결과 반죽의 발효, 맛, 질감 형성에 중요한 역할을 합니다.

Q 45 에틸 알코올은 무엇입니까? 반죽에서 어떤 기능을 하나요?

A 에틸 알코올 또는 에타놀은 무색, 무취의 액체로 물에 아주 잘 녹고 감자나 다른 곡물의 전분에서 얻어지는 타는 맛을 갖습니다. 반죽에서 이의 기능은 알코올 발효 과정을 형성합니다.

Q 46 단당, 이당, 복합당은 자연에서 어떤 것들이 있나요?

A 단당에는 포도당, 과당, 갈락토오스가 있습니다. 이당에는 자당, 맥아당, 유당이 있고, 복합당에는 전분, 셀룰로오스, 펜토산이 있습니다.

Q 47 밀가루는 어떤 단백질을 함유합니까?

A 밀가루가 함유하는 단백질은 알부민, 글루테닌, 프롤라민, 글로불린이 있습니다.

Q 48 부풀리기(lievitazione) 과정에서 포도당은 어디에 필요한가요?

A 포도당은 효모가 발효를 지속할 수 있도록 공급되는 주요 영양원입니다. 효모에 먹이를 주어 발효가 원활히 일어나도록 하는 데 필요합니다.

Q 49 부풀리기(lievitazione) 과정 동안 전분에는 어떤 변화가 일어나요?

A 전분은 디아스타제(Diastase)라 불리는 효소의 작용으로 포도당으로 분해됩니다. 먼저 전분이 분해되어 덱스트린이 되고, 덱스트린은 다시 네 개의 포도당 분자로 나뉩니다. 이어서 맥아당은 두 개의 포도당으로 분해된 뒤, 최종적으로 단순한 포도당 형태가 됩니다.

정보 1. 이탈리아에서 개최되는 핏자 대회

1. **Campionato Mondiale della Pizza**
   이탈리아 파르마에서 매년 열리는 세계적인 핏자 대회다. 2025년 4월, 제32회 대회가 개최되었다. 대회는 pizza classica, pizza in teglia, pizza senza glutine 등 다양한 부문으로 나뉘어 진행된다.
   https://campionatomondialedellapizza.it

2. **Pizza Senza Frontiere – World Pizza Champion Games**
   이탈리아 리미니에서 매년 열리는 SIGEP World 박람회 안에서 진행되는 국제 핏자 대회다. SIGEP World는 제과, 아이스크림, 디저트, 그리고 핏자 산업의 최신 트렌드와 기술을 소개하는 세계적인 규모의 박람회로, 전 세계 전문가와 업계 관계자들이 주목하는 행사다. 올해 대회에는 45개국에서 최고의 핏자 장인들이 참가했으며, 분야별로 우승자가 가려졌다. 주요 경쟁 부문은 Pizza Classica, Pizza Napoletana Contemporanea, Pizza Senza Glutine, Pizza e Vino, Freestyle 등이다.
   www.sigep.it/it/eventi/campionato-pizza

3. **Campionato Mondiale Pizza DOC**
   정통 이탈리아 핏자를 중점적으로 다루는 국제 대회다. 2024년 11월 제10회 대회가 개최되었으며, 제11회 대회는 2025년 11월 11일부터 13일까지 살레르노 지역의 카파치오-파에스툼(Capaccio-Paestum)에 위치한 엑스 타바키피치오(Ex Tabacchificio, 무역박람회 겸 이벤트 센터)에서 열린다. 대회는 클래식 마르게리타, 컨템포러리 핏자, 글루텐프리 핏자 등 다양한 카테고리로 진행되며, 주최는 Pizza DOC 아카데미가 맡고 있다.
   https://campionatomondialepizzadoc.it

4. **Campionato Mondiale di Pizza Contemporanea**
   현대 핏자의 창의성과 탁월함을 기리기 위해 창설된 국제 대회다. 제1회 대회는 2024년 11월 26일과 27일, 이탈리아 타란토 지역의 크리스피아노(Crispiano)에서 열렸다. 이 행사는 Accademia Professionale del Gusto(전문 핏자인 연합회로, 핏자 교육 과정을 운영하는 기관)에 의해 조직되었으며, 현대 핏자(pizza contemporanea)의 다양성과 발전 가능성을 조명하는 데 중점을 두고 있다.
   https://mondialepizzacontemporanea.it

5. **Coppa del Mondo della Pizza (Pizza World Cup)**
   매년 로마에서 열리는 국제 대회다. 이 대회는 나폴리 핏자뿐 아니라 로마식 핏자, 창의적인 핏자, 글루텐 프리 핏자 등 다양한 분야에서 세계 각국의 핏자 장인들이 경쟁하는 무대다. 특히 2019년에 열린 제17회 대회에서는 Pizza al Metro / Pizza in Pala 부문에서 한국인이 우승을 차지하며 주목을 받았다.

6. Campionato Mondiale del Pizzaiuolo

나폴리에서 열리는 국제 핏자 대회로, 전 세계 핏자 장인들이 참여하는 권위 있는 행사다. 제21회 대회는 2024년 6월 17일부터 19일까지 나폴리에서 개최되었다. 이 대회는 Associazione Pizzaiuoli Napoletani(나폴리 핏자 장인 협회)가 주최하며, 협회는 정통 나폴리 핏자 기술을 전수하는 교육 과정도 운영하고 있다.

www.pizzaiuolinapoletani.it/campionato-mondiale-del-pizzaiuolo

필자가 살펴본 바로는 1과 2가 가장 규모가 큰 대회인 것 같다. 이외에도 다양한 도시와 협회가 주최하는 작은 대회들이 있겠지만, 이벤트 성격이 강하거나 일시적으로 열려 정확한 정보를 확인하기는 어렵다. 마지막으로 Associazione Verace Pizza Napoletana(AVPN)에서는 'Vera Pizza Contest'와 같은 대회를 개최하는데, 전 세계의 아마추어 핏자 애호가들이 참여해 나폴리 스타일의 홈메이드 핏자를 선보인다.

정보 2. 핏제리아 창업자를 위한 정보

1. 이탈리아 주요 식재료

이탈리아 핏제리아 및 레스토랑에 필요한 모든 식재료를 수입 공급하는 회사다.

취급: 이탈리아 레스토랑에서 사용하는 올리브오일, 디벨라 파스타, 토마토 제품 등 모든 공산품 식재료를 담당한다.

전화: 영인 코퍼레이션 T.031-777-8766

www.divella.co.kr

2. 치즈와 햄류

이탈리아의 모든 치즈와 햄류를 전문으로 수입하는 회사다. 특히 품질 좋은 모차렐라를 수입하는데, 그중에서도 부팔라와 부라타는 가격 대비 최고의 맛을 선사하여 맛있는 핏자를 만드는 데 중요한 역할을 한다.

취급: 이탈리아의 모든 치즈 수입, 모차렐라, 피오르 디 라테, 부팔라, 부라타, 핏자용 고르곤졸라, 햄류

전화: 씨앤제이프렌즈 T. 010-9249-3496

3. 완제품 화덕

이탈리아의 주요 화덕을 수입하는 회사이다. 핏제리아와 카페의 콘셉트와 용도에 따라 완성형(일체형), 조립식 모듈(테라코타) 방식, 메탈 제품 등이 있다.

완성형 화덕은 이동과 설치를 위해 현지에서 완성된 상부 화덕 돔과 하부 받침대가 분리형으로 구성되어 있다. 이탈리아 전통 방식의 벽돌 화덕과 이동과 설치가 간편한 메탈 화덕이 수입되고 있다. 전통 방식의 벽돌 화덕은 전문 업소용으로 적합하며 사이즈가 크고 무겁다. 메탈 화덕은 다양한 장소에 손쉽게 설치가 가능하다.

옵션: 타일 디자인 선택(주문 제작 가능), 열원 선택(장작, 가스, 겸용), 제연기, 배기 연통

이탈리아 화덕(스테파노 페라라)을 수입하는 JCS컴퍼니는 까다로운 전문가의 기준으로 엄선된 세계적인 주방 장비들로 효율적이고 혁신적인 솔루션을 제공한다.

전화: JCS컴퍼니 T.02-322-1308~9
주소: 서울시 서초구 논현로 31길 56 JCS빌딩
www.jcscom.kr

4. 핏자 접시

이탈리아 나폴리 화덕 핏자 접시 및 기물을 포함한 이탈리아산 핏자용 기물을 전문적으로 수입·판매하고 있다. 핏제리아 오너를 위한 커틀러리 및 주방에 필요한 다양한 제품들을 만나볼 수 있다.

전화: 이딸리빙 T.02-587-7771
주소: 서울시 중구 남대문시장4길 3, 대도상가 C동 4층 10호
www.italiving.co.kr

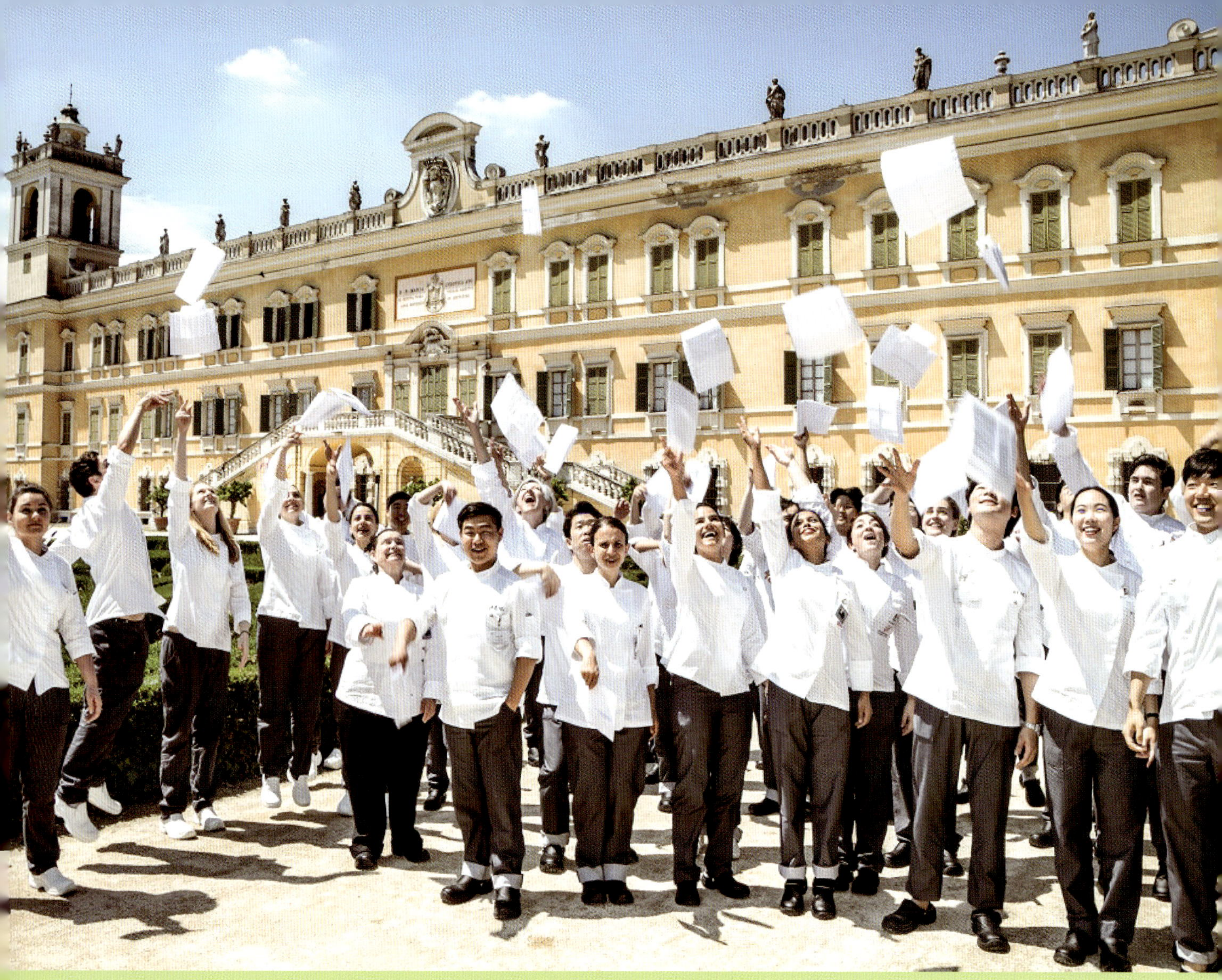

IL CUOCO - ALMA

이탈리아 요리 교육의 산실
알마(ALMA), 일 꾸오꼬 알마(IL CUOCO - ALMA)

알마 학교는 세계적으로 권위 있는 이탈리아 요리 학교로, 이탈리아 파르마(Parma) 지방정부의 투자에 의해 설립된 이탈리아 내 최대 규모의 요리 아카데미이다. 단순한 요리 학원이 아니라 전문 이탈리아 요리사를 양성하여 이탈리아 요리를 전 세계에 전파

하고, 동시에 이탈리아의 우수한 식재료를 홍보하기 위해 파르마 주정부의 프로젝트로 탄생하였다.

알마 학교는 이탈리아 요리 전문가가 되기 위해 세계 각국에서 모인 요리사들을 교육하고 있으며, 요리에 매혹된 이들에게 미래를 개척할 수 있는 특별한 경험의 장이 되고 있다.

학교는 파르마 시(市) 콜로르노 공작 관저의 화려한 궁전에 자리하고 있으며, 현대적인 교육 설비와 주방을 갖추고 있다. 또한 이탈리아 식료품 및 요리 업계에서 가장 권위 있는 교수진들이 참여하여 수준 높은 교육 프로그램과 커리큘럼을 운영하고 있다.

1999년에 설립된 일 꾸오꼬는 2005년 이탈리아 대사관저에서 국제 이탈리아 요리학교 알마와 공식적으로 협약을 맺었으며, 약 25년간 4,800여 명의 졸업생을 배출하였다.

일 꾸오꼬-알마의 대표 안토니오 심(Antonio Shim)은 이탈리아 대통령으로부터 기사 작위인 Cavaliere dell'Ordine della Stella della Solidarietà Italiana 훈장을 받아 한국에서 이탈리아 요리 교육에 기여한 공로를 인정받았다.

이탈리아 알마 유학 과정

'이탈리아 요리 과정(ICP; Italian Culinary Program)'은 이탈리아 정부로부터 인증을 받은 최초의 전문 이탈리아 요리사 양성 과정이다. 매년 1월, 4월, 9월에 개강하며, 영어로 수업이 진행되므로 기본적인 영어 능력이 필요하다. 자세한 내용은 일 꾸오꼬 알마 상담 또는 홈페이지를 통해 확인할 수 있다.

일 꾸오꼬 알마 국내 과정

이탈리아 요리의 핵심 세 가지 과정을 개설하고 있으며, 모든 과정은 셰프 안토니오 심이 직접 지도한다.

- 요리 마스터 과정
- 파스타 마스터 과정
- 나폴리 화덕 핏자 마스터 과정

• 입학 문의 상담 : 031) 771-2225
• 일 꾸오꼬 알마 사이트 : www.ilcuoco.co.kr
• 주소 : 경기도 양평군 향교길 45번길 16

Da Antonio
다 안토니오

'다 안토니오'의 오너 셰프 안토니오 심은 마지막 꿈을 이루기 위해 2019년, 20년간 이어온 대학교수직에서 물러나 경기도 양평에 레스토랑을 건축하였다. 이곳은 그의 이탈리아 유학 시절 근무했던 레스토랑을 모티브로 삼아 지어진 곳이다.

다 안토니오는 오너 셰프 안토니오 심의 40년 요리 인생의 결실을 맛볼 수 있는 공간이자, 자연주의 음식을 추구하는 정통 이탈리아 레스토랑이다. 아름다운 자연 경관 속 작은 이탈리아를 구현한 이곳에서는 정통 이탈리아 요리뿐 아니라 전통 빵도 즐길 수 있다. 또한 유기농 하우스에서 직접 재배한 루꼴라와 바질, 계절에 따라 수확되는 다양한 이탈리아 과일이 접시에 담겨 제공된다.

1층에 마련된 별도의 칸티나(와인 저장고)에는 45종의 와인과 함께 올리브유, 발사믹 식초, 치즈, 프로슈토, 살라미 등이 잘 숙성되어 보관된다.

다 안토니오의 시그니처는 '코스 요리'이다. 기교를 부리지 않고 식재료 본연의 맛을 살린 정통 이탈리아 조리법과 플레이팅, 그리고 대중을 위한 진짜 나폴리 화덕 핏자를 제공한다. 모든 요리는 오너 셰프 안토니오 심이 직접 준비하고 완성하며, 가공된 공산품 재료는 일절 사용하지 않는 것이 그의 요리 철학이다.

안토니오 심 셰프는 1985년 특급호텔에서 요리를 시작해 13년간 경험을 쌓았으며, 국제 요리 경연대회에서 문화관광부 장관상(대상 및 금상)을 수상했다. 이후 석사 과정을 마치고 대학교수로 임용되었으며, 1999

년부터 20년간 백석문화대학교 외식산업학부 전임교수로 재직했다. 또한 이탈리아 요리 교육 사업을 위해 주식회사 일 꾸오꼬를 설립하였다.

2001년에는 이탈리아 요리 아카데미 ICIF를 한국에 최초로 론칭했으며, 2005년에는 주정부 프로젝트 요리학교 알마(ALMA)를 한국에 노입했나. 두 학교를 통해 요리와 제과제빵 유학 과징을 함께 운영하며, 그 공로를 인정받아 2010년 이탈리아 대통령으로부터 기사 문화훈장을 수상하였다.

- 예약 문의 : 031-773-5228
- 홈페이지 : www.daantonio.co.kr
- 주소 : 경기도 양평군 향교길 45번길 16

"핏자는 단순한 음식이 아니라 수많은 기술과 시간이 축적된 결과물입니다.
이 책은 그 깊이를 조금이나마 전하고자 하는 바람에서 시작되었습니다.
부디 이 책이 핏자를 배우고 연구하는 이들에게 작은 길잡이가 되기를 바랍니다."